SHITIDIANJINGXIHUAYUNYING

实体店
精细化运营
小型专卖店升级60讲

潘文富 黄静◎著

SPM
南方出版传媒
广东经济出版社
—广州—

图书在版编目（CIP）数据

实体店精细化运营：小型专卖店升级60讲/潘文富，黄静著.—广州：广东经济出版社，2017.3
ISBN 978-7-5454-5266-2

Ⅰ.①实… Ⅱ.①潘…②黄… Ⅲ.①专卖店-商业经营 Ⅳ.①F717.6

中国版本图书馆 CIP 数据核字（2017）第 013204 号

出 版 人：姚丹林
责任编辑：易 伦
责任技编：许伟斌
装帧设计：视觉传达

出版发行	广东经济出版社（广州市环市东路水荫路11号11~12楼）
经销	全国新华书店
印刷	广东新华印刷有限公司 （广东省佛山市南海区盐步河东中心路）
开本	730毫米×1020毫米　1/16
印张	13.75
字数	215 000字
版次	2017年3月第1版
印次	2017年3月第1次
印数	1~5 000
书号	ISBN 978-7-5454-5266-2
定价	39.80元

如发现印装质量问题，影响阅读，请与承印厂联系调换。
发行部地址：广州市环市东路水荫路11号11楼
电话：（020）38306055　37601950　邮政编码：510075
邮购地址：广州市环市东路水荫路11号11楼
电话：（020）37601980　营销网址：http://www.gebook.com
广东经济出版社新浪官方微博：http://e.weibo.com/gebook
广东经济出版社常年法律顾问：何剑桥律师
·版权所有　翻印必究·

序

电商的大量出现，似乎成为实体店生意不好的最好的借口。

价格，是被电商做乱的；促销活动，是被电商做烂的；进店客流少，也是电商导致的；顾客动不动就拿电商说事更让店老板上火。

其实，在没有电商之前，实体店的生意就一定好做吗？不也照样一大堆问题，照样有老板关店破产吗？古今中外，真正成为老板的都只是极少数而已，大多数貌似老板的人只是创业者，只是真正老板的饲料而已。

客观来说，只要消费总量还在，生意就能做，只不过，要根据市场环境的变化，调整自己做生意的方式罢了。要与时俱进，才能适者生存。

那么，在当前的市场环境下，尤其是在电商已成气候的背景下，实体门店做生意就得要认真地考虑以下几点因素了：

一、顾客脾气会越来越大

古今中外的顾客都有一个毛病，即当商品供不应求，且顾客自己没有选择权的时候，往往能忍受店家的坏脾气；若是商品供大于求，到处都能买到，也就是顾客选择权越来越大的时候，他们的脾气也就越来越大、越来越挑剔、越来越难伺候。作为店老板，你想到怎么接待（伺候）这些顾客（大爷）了吗？

二、抢生意还是做生意

所谓生意难做，不是没生意做，而是同行太多了，分走了客流。这里有个问题，现在是做生意还是抢生意？所谓做生意，就是顾客有需求，而店家有产品、有品牌、有服务，能满足顾客的需求。可现在，产品也好，品牌也好，服务也好，这些东西别人也都有，而且还同质化了。当大家都能满足顾客需求的时候，生意就没得做了，此时，就得主动来抢生意了。怎么抢？就是要做到人无我有、人有我优、人优我新，要有足够的差异化。不但自身要强大，而且还要针对竞争对手的薄弱点下手、下狠手！

三、先卖人再卖货

在有足够选择权的市场背景下，顾客压根就不缺买东西的地方，再加上产品和品牌的同质化日趋严重，门店和产品本身的吸引力就没多少了。从门店销售的次序来说，就得改为先卖人再卖货了，让进店顾客先对店里的销售人员产生兴趣，建立一定的认可度和信任感，然后再说产品的事。若是人都卖不掉，这货可就别提了。

最起码，可别得罪顾客。虽说店家不会故意得罪顾客，但是在无意中却经常能干出不少得罪顾客的事出来，尤其是"堵客进店"和"赶客出店"，把送上门的生意给毁了。

四、学习点消费者心理学

中国的消费者有三大特点：一是要面子，二是感性多于理性，三是坚决不认错。中国消费者的心态汇总起来就是——皇上心态，开店做生意每天接待的都不是普通人，而是一个个皇上。

西方营销学有句话："把顾客当上帝。"估计很多店老板到现在也没弄明白这句话的意思：不是店家把顾客当上帝，而是顾客自己把自己当上帝。西方的上帝，在我们这，那就是皇上。换个角度来看，奢侈品在中国的成功，就是把握住了这个核心所在。

开店做生意，多少还是要学点消费者心理学的，尤其是皇上心理学。毕竟，顾客没那么专业，买东西的时候更多的是感性而不是理性。所以，产品知识背得滚瓜烂熟只是次要因素，对进店顾客察言观色，洞悉顾客心理，与顾客建立有效沟通才是关键。

五、店内的人事管理

若是门店规模大点，或是要开分店，那就得请店员了。店老板除了卖货之外，还得面对人事管理问题，从技术难度的角度来说，这管人可比卖货复杂多了。

　　人事管理问题主要有两个方面：一个是会不会干的职业技术问题，一个是想不想干的工作态度问题。职业技术要培训、要巩固，而工作态度所牵涉的点面就多了。老板的管理风格、员工团队的氛围、考核收入、各种对比标尺、发展空间等，有一个点没做到位，都有可能影响员工的工作态度。这里特别说明一点，人事管理技术可以慢慢学，老板首先要学会的就是不要得罪员工，尤其是不要在无意中得罪员工。老板若是得罪了员工，员工必然会得罪顾客，最后还得老板花成倍的代价来埋单擦屁股。

　　本书侧重小型私营专卖店，尤其是单一品类的专卖店，在当前的市场背景下，基于消费者进店选购的全流程分解所提出的具体升级改进措施，贴合实际情况，改进成本低、落地技术难度小，尤其适合家电、化妆品、服装、床品、烟酒、婴童等行业，可有效解决"堵客进店"和"赶客出店"这两类直接影响门店业绩的因素。

目 录

第一篇　运营思考与策略优化

第1讲　面对电商，实体零售店要补的十门功课／3

第2讲　专卖店经营思想的几点转变／7

第3讲　销售是什么／11

第4讲　面对顾客的三个层次／13

第5讲　顾客的进店与留店／15

第6讲　你被顾客带跑了吗／21

第7讲　完全顾客导向／24

第8讲　不要拿顾客做试验／26

第9讲　零售店产品组合的基本方法／29

第10讲　店外客流与广告性质／37

第11讲　小型专卖店的时间概念／39

第12讲　零售店的进货选品／41

第13讲　拦截思想的危害／45

第二篇　对顾客特性的研究

第14讲　高看顾客／49

第15讲　补偿型购买／53

第16讲　顾客花钱买高兴／56

第17讲　顾客没说出来的话／59

第18讲　顾客怕什么／62

第19讲　顾客为什么回头／65

第20讲　顾客为什么有那么多疑问／68

第 21 讲　那些过于甜腻的称呼 / 71

第 22 讲　顾客进店怕什么 / 74

第 23 讲　回头客为什么照顾生意 / 76

第 24 讲　把顾客当上帝究竟是什么意思 / 79

第 25 讲　为什么总是去研究穷人 / 83

第 26 讲　顾客花钱的三个阶段 / 85

第 27 讲　顾客的包 / 87

第 28 讲　顾客为什么骂产品 / 90

第 29 讲　实体店的奢侈品导向 / 92

第 30 讲　店里进来的那些不正常顾客 / 95

第三篇　现场环境的优化

第 31 讲　影响顾客进店的障碍因素 / 101

第 32 讲　小店里的大公司痕迹 / 104

第 33 讲　顾客进店的厌恶点检查 / 109

第 34 讲　门店的公德心 / 114

第 35 讲　墙上贴什么 / 117

第 36 讲　5 秒钟的直观感受 / 120

第四篇　接待流程的优化

第 37 讲　顾客进店的前 3 秒和前 20 秒 / 127

第 38 讲　顾客在场时不做的七件事 / 129

第 39 讲　急客的接待 / 131

第 40 讲　先让顾客买一个 / 135

第 41 讲　给顾客留台阶 / 138

第 42 讲　门店送客 / 142

第五篇　沟通策略

第 43 讲　主动说不好卖 / 148

第 44 讲　苦笑的运用／150

第 45 讲　专业底子与轻松演绎／153

第 46 讲　如何面对顾客的质疑／156

第 47 讲　转移顾客的注意力／159

第 48 讲　当顾客表示自己很内行时／162

第 49 讲　当顾客说不买时／165

第 50 讲　当顾客说过两天再来时／168

第六篇　内部管理

第 51 讲　店员的价值在哪里／174

第 52 讲　导购培训体系真的到位了吗／176

第 53 讲　店员管理体系到位了吗／180

第 54 讲　店员与技术的分离／185

第 55 讲　对店员的工资投入／189

第 56 讲　换个角度看待店员的考核方式／191

第 57 讲　门店事故预案／193

第 58 讲　门店培训体系的设计／198

第 59 讲　新进的店员怎么培养／203

第 60 讲　新店员入职时的工作安排／205

第一篇

运营思考与策略优化

第1讲　面对电商，实体零售店要补的十门功课

十个实体门店的老板，有八个半都会说现在的生意不好做。现在的生意之所以不好做，其中一个重要的原因就是电商的出现，尤其是电商在价格及货品选择面方面的领先优势。

无论实体店老板们怎么发牢骚，也无法改变市场格局，电商的生意占比及总量必然是持续放大的，对实体店的挤压必然会持续增强。那么，摆在实体店老板面前的也就只有两条路：要么等死，要么奋起创新，与电商抢饭吃。

要想从电商手里抢饭吃，首先就得尽量缩短与电商之间的差距，若是无法弥补的差距，则需要通过其他方面的强化或是创新来弥补。作为实体店，在面对电商时，首先就得补上几门较为基础的功课，以此缩短与电商之间的差距。

一、店面装修

吃饭都开始注重环境了，买东西更是如此，顾客进店，首先看到的就是店里的现场环境，现场装修水平直接影响顾客对门店的感觉和购买行为。网店早就开始装修了，甚至还有网店保持一年一次的翻新，作为地面实体店，在装修或是翻新这方面可得赶上。然而，有些实体店老板在这方面是消极思想，觉得反正现在生意不好，能节约的成本都要节约，更舍不得花钱进行装修翻新了，甚至，为省一些电费，店里的灯都舍不得打开。

二、消费者行为研究

在普通消费品领域，几乎没有某类特定商品对消费者来说是刚需。购买行为，更多的是由消费者的心理状态和情绪所决定的。从销售的角度来说，得要学会把握人的心理状态，当然，在不具备一眼看穿顾客内心世界的情况下，只有通过对顾客的表面行为和语言进行分析与把控，只有精准地把握了

顾客的当前心理状态，顺势对接，才能使顾客愉快地做出购买决定。所以，对消费者的行为研究以及心理状态判断，应作为门店营业人员必须要掌握的技术能力之一。

当然，在这个方面，地面实体店要比网店具备更多的优势。毕竟，地面实体店的营业人员天天与顾客面对面地接触，能直接看到顾客并和顾客进行交流。这比网店的客服每天喊"亲"发表情包要更加直接。

三、面对面的服务工作

服务工作分为售前、售中、售后这三类。网店的优势主要是在售中和售后，但对顾客在前期浏览阶段，很难实施相关服务工作，甚至不知道有多少顾客在浏览网店页面。即便在售后，网店也没法确保送货上门的快递员会有什么样的服务态度。

而作为地面实体店，在这方面则可发挥优势，只要顾客一进店，服务工作马上就能启动，端茶递水、样机样品试用、技术问题免费咨询，甚至还可以把常规放在后期的增值服务提前到售前来做。毕竟有实际的店面，实际的产品摆在店里，相关的器材设备都在，服务可以很直接，也可以很迅速。

四、卖人

早先做销售，就是卖价格、卖产品、卖品牌，可现在产品多、品牌多，且同质化严重，消费者选择的余地大，消费者的脾气自然也就大起来了。这个时候，就得先卖人，再卖货了。

所谓卖人，就是先建立顾客对店内销售人员的认可度，包括个人感觉层面和专业技术层面的认可，包括前面所说的服务工作。一旦顾客建立对销售人员的个人认可度之后，甚至会把对产品的选择权交由销售人员。

这点是网店很难做到的，毕竟，面都没见上，对人的认可度如何建立？

五、老店的优势

网店大多经营时间较短，五年以上就算是老店了。但是，经营了十年的地面实体店比比皆是。可别小看这个经营历史，在消费者看来，扎扎实实经营了这么多年的老店意味着什么？意味着熟悉、稳定、可靠、可信，不怕售后问题，有问题随时可以找到人，可以马上将问题解决。门店要学会向顾客打出历史牌，尤其要对比网店的经营历史。

六、 上门回访

在耐用消费品领域，地面实体店完全可以定期上门回访，面对面与消费者接触沟通，了解使用情况，直接执行维护保养工作。目的是争取顾客的下次购买机会，或是促使顾客向熟人推荐。

这点网店是没法做到的，通过电话邮件等非见面形式的简单回访，实际作用很有限。

七、 突出邻居定位

很多行业的实体店是挨着居民区开的，在降低房租成本的同时，也可以拉近与顾客之间的距离。在顾客看来，这家店就开在我家附近，我天天都会路过，对这家店比较了解，感觉比较靠谱，毕竟网店多少还有点距离感。再说了，买东西方便，售后服务什么的也方便，换个配件、买个耗材，包括维修保养什么的，在价格差距不是特别大的前提下，顾客还是更愿意照顾附近店的生意。

作为实体店，要主动迎合顾客的感受，主动打出社区店的邻居定位，突出亲切感，还可增加一些立足本社区的特色服务，增加与本地顾客之间的黏度。

八、 店里的闲人

都知道做生意不能养闲人，但是，实体店里的闲人还真不少，店里没顾客，店员们聊天的、玩手机的、电脑上看视频的，娱乐生活都挺充实。店老板也不好说什么，毕竟店里没生意，大家傻站着也没事干。

其实，换个角度想想，不是没事干，是很多事情都没干。既然店里没生意，为什么不能安排店员做清洁呢？可别小看这个，店员天天保持对店内环境的反复清洁，不但能让进店的顾客感觉良好，就是过路的顾客看到这家店每天做清洁，也会留下正面印象，逐渐成为潜在顾客。还有，店员为什么不能到附近的社区做做现场展示活动，做做上门回访呢？哪怕发发宣传单页也好啊。另外，既然有闲工夫看视频、玩手机，店老板为什么不组织大家学习技术，哪怕是最简单的前期营业接待录像回看，也能察觉不少问题出来呀。

九、研究下挡客进店与赶客出店

开实体店的老板，当然希望顾客进店量越多越好、顾客留店时间越长越好。但是，在无意中却经常干出挡客进店与赶客出店的事情来。诸如店门口摆放的垃圾和滴水的拖把、店门口破损的地砖、店内的异味、昏暗的灯光、店员的口臭等，这些因素都会导致顾客不进店或是进店后迅速离店。所以，别发牢骚说这店里一天进不了几个顾客了，而应站在挡客进店和赶客出店的角度想一想，店里当前有哪些因素，每天都在把顾客往外赶。

十、创新与投入

明知道市场环境在发生巨大变化，也知道没有轻松赚钱的好机会了，有些店老板还在执迷不悟——一不肯创新，二不肯投入。

不肯创新是习惯了以前的简单生意模式，心理上抵触越来越复杂的生意模式，所以也就没有了创新的原动力。不肯投入是走到了过度节约成本的死胡同，认为现在生意不好做，舍不得拿钱出来投入，或是担心投入之后没有足够的回报率。别说大的投入了，就连店内清洁、灯光开启、样机开启这类基本成本，都开始全面压缩。

的确，投入不一定有回报。但是，不投入，是肯定不会出现好转的机会的。既没有风险又有回报的生意只有在梦里有！创新和投入这门功课不补上，只能眼见着生意逐渐萧条下去。

其实，无论是什么形态的商业模式，大家也都是有饭吃的，谁也很难彻底打死谁。但是，若是自己持续退化，与别人的差距越来越大，然后又说没饭吃，嘴上牢骚不断，那就别怪别人了，再不补课，持续亏损乃至关门，也是理所当然的事情了。

第2讲 专卖店经营思想的几点转变

文中所指的专卖店，是指单一品类或是单一品牌的专卖店。诸如各类化妆品店、烟酒店、婴童店、单一品牌的空调专卖店等。

虽说现在网店对地面实体店的冲击很大，但是，生意永远有得做，只不过，要有些调整和进取，别指望能再回到以前的市场环境，今后的生意只会越来越复杂。也别指望换个行业就有好生意做，当前门店的运营问题没解决，换到别的行业，问题照样存在。所以，作为店老板，在经营思想方面，得要做出些调整了。能从哪些方面着手调整呢？下面为大家介绍几个可以调整的方面，供各位老板参考。

一、从赚钱到抢钱

以前做生意是赚钱，现在做生意是抢钱。

什么是赚钱？顾客有需求、店里有产品、有品牌、有服务、能满足顾客的需求，就是赚钱。但是，现在你店里有的东西别人也都有，那就不是做生意，而是抢生意了。抢谁的？距离你最近的那个同行的！

所谓市场萎缩，消费者总量下降之类的话，说多了也无意义，只要还有消费总量，就有生意做，只不过，不能再依靠消费总量来带动生意了，而是要在同行手里抢生意。

二、顾客说的话都是真的吗

店老板之所以说生意不好做，往往也是听顾客说的，顾客天天在老板面前说价钱太贵，网上多便宜，暂时不需要之类的话，老板听多了，自然要感叹这生意不好做了。那么，顾客说的这些话都是真的吗？这些就是顾客不买的真实理由吗？

非也非也，国人一般是心口不一，嘴上说的往往不是心里的真实所想，很多时候，顾客嘴上说的不买的理由，只是推脱之词而已，真实的原因是店老板或是店面环境让顾客感觉不好，甚至得罪顾客了，顾客心里决定放弃购买，但又不能当面说出对老板或是门店的不满，只有假借产品价格贵、暂时没有需求之类的名义来推脱。

三、挡客进店与赶客出店

所谓堵客进店，就是在店门口有些不当的设置，导致阻挡顾客进店。诸如把扫帚、拖把、垃圾桶等物品堆放在门口，或是店外的空调主机安装不当，排风直接吹到路人身上，店门口的店招破损未修整，甚至是店里白天舍不得开灯，直接降低顾客的进店欲望，等等。

所谓赶客出店，就是店内设置不当，导致进店顾客产生厌烦情绪，缩短留店时间，甚至直接离店。诸如店内地面有台阶、货架货柜有锐角、店内有挂钟、店内有异味、温度不合适或是通风不佳等因素。

所以，店老板别光顾着发牢骚说生意不好做了，先把挡客进店和赶客出店这两个方面进行全面检查，虽说都是小事，但这也是门店生意的基础所在。

四、先服务好店员，再服务好顾客

从顾客群体特性的变化角度来看，价格敏感型的顾客占比在下降，而服务敏感型的顾客比例在上升，也就是说，价格高点并不是最重要的，关键是服务态度要好，购物过程中的感受要良好。当然了，这个道理老板们也都知道，也对店员提出了诸多服务要求。但是，在实际的顾客接待工作中，店员对顾客的服务态度难以保证，冷热不均，与顾客的期望或是老板的要求相距甚远。有些店老板为此还专门采取了经济考核手段，但实际效果也不怎么样。

这事其实也不复杂，老板得先要做好对店员的服务工作，在生活上、工作环境上、情感面子上，多方面且细致地服务好店员，店员自己先得要感受到被服务，然后才有心情服务好顾客。否则，店员工作情绪不佳，也就没心思服务好顾客了。

五、顾客的早期培养

别以为进店的才是顾客，应把经过店门口的路人都当顾客看，要进行顾客的早期培养。

这里要明确一个观点，每个经过店门口的人，都有可能是未来进店的顾客，或是影响未来进店的顾客。所以，店门口的陈设、店门口区域的公德心体现、门店活跃度的体现、老店资历的呈现、产品展示活动、接触试用类活动等，都不能落下，虽然短期内没有直接的销售业绩收益，但作为发展战略考虑，这些早期的顾客培养工作还得坚持做。不然的话，就只能完全坐等顾客上门，靠天吃饭了。

从这个角度来说，店内根本就没有所谓的淡季，也就没有闲下来的时候，有顾客进店就得接待顾客，没有顾客进店，就得把时间和精力放在对顾客的早期培养上。

六、增值服务

进店的顾客，除了常规的商品采购之外，店里还得安排点增值服务，即便顾客今天只是来看看，并没有明确的购买意愿，也得提供一定的增值服务。诸如手机充电、体重体脂测量、眼镜清洗、拉链润滑、给顾客的孩子及宠物准备的零食等，之所以安排这些增值服务，目的很简单，就是增加进店顾客的好感，延长顾客留店的时间，同时，也是形成与其他同类门店的差异化。

七、研究有钱人

虽然老板们都在说生意不好做，哭穷的人也越来越多。但是，有钱人还是越来越多了，最起码，大街上的高档豪车越来越多了是事实。

但是，有些店老板的注意力却一直集中在毫厘必究的穷人身上，研究穷人的需求和消费特点，研究来研究去，就是"便宜"两个字，为了迎合穷人的需求，老板不断地降低货物档次，压缩经营成本，结果，富人的生意没做上，穷人的生意也做不上。因为，穷人对便宜的要求是没有底线的，还要"更便宜"。

有些老板则认为富人的生意不好做。那是没有花心思研究，或是简单把对付普通顾客的那一套，直接用在对富人的接待上了，当然生意就不好做了。

八、卖人还是卖货

99%的门店都是卖货起家的，老板对经营的理解也是集中在如何卖货上，无论是促销活动的主题，还是对店员的考核，无一例外集中在"卖货"这两个字上。

按说开店就是为了卖货，但是，得要考虑到现在的市场环境：同类店太多、网店价格优势明显、消费者越来越挑剔。那么，再单纯强调卖货，这生意就难做了，而是要调整经营思路，由单纯的卖货，改为先卖人再卖货，也就是先解决顾客对店员的认可问题，再涉及商品的销售问题，这个次序不能颠倒。

所谓卖人，就是顾客在进店后，通过与店员的接触沟通，能对店员形成正面印象，有一定的认可度和信任度，并产生沟通兴趣，愿意再持续沟通下去。这个人要是卖不掉，货可就别提了。

九、门店的装修风格

门店装修这件事，说起来涉及的点面可就太多了，这里只简单地说明一点：专卖店的装修风格，一定要给顾客一种企业直属门店的感觉，而非是私人经营的单体小店。应尽量减少私营门店的特征，诸如出现私人生活用品、神像佛器、小孩玩具等。因为，从消费者心理学的角度来说，顾客宁可自己的钱被一家大型企业赚走，也不愿意被一个个体老板赚走。

第3讲 销售是什么

这似乎是一个简单得不能再简单的话题了,销售嘛,不就是卖货,做生意,满足顾客的需求,创造商业价值等。

虽然是简单的道理,但也不见得每个人都明白,尤其店里新来的营业员,许多店老板把销售直接解释为卖货,只要能把货卖出去,就是销售。所以,在培训营业人员时,也是紧扣着卖货这个主题,诸如怎么介绍产品、怎么打动顾客、怎么谈价格、怎么促销、怎么让顾客掏钱等。

销售这个概念也是存在一定的结构的,销售的最高境界是卖人,就是卖掉自己,当顾客接受和认可这个营业人员时,销售方面的事情就好谈多了,这个理论适合绝大多数行业的销售工作。当然了,也有很多销售理论强调卖货之前先把自己卖掉,但是,从实际情况来看,这是最高境界,不是谁都能实现的,或者说,不是能轻松实现的,而是需要多年的修炼才行。

销售的最高境界是卖人,但一般人很难一步到位,那么,我们就掉过头来看一下,销售的最低要求是什么。也许很多人会说,不就是卖货嘛,若把卖货作为销售的最低要求,那么估计很多营业人员都不合格,其实,销售的最低要求是不得罪人!

道理很简单,且不论营业人员的能力技术如何,只要一不小心得罪了顾客,即便这个营业人员动作再规范、专业技术再高,也没用,顾客气量普遍偏小,在有选择的前提下,断然是受不了气的,无论这个营业人员是有意的还是无意的。反过来说,只要营业人员能确保不得罪顾客,即便当前没谈拢,也还是可以补救的,今后还是有机会的。

所以,如何确保不得罪顾客,是营业人员首先要学会的。得罪人的方式有很多种,表情会得罪人,肢体动作会得罪人,没听明白对方的意思会得罪人,对方在说话时你走神也会得罪人,当然,说错话或是说傻话则是得罪顾客最为常见的方式了。

简单点来说，作为营业人员，在接待顾客时，能确保不得罪顾客，就算是基本合格了。当然了，作为门店老板，在考核员工时，也得考虑到这个方面的因素，可别一冲上就直接考核销售业绩什么的，而是要通过考核引导员工，逐步建立起那些技术和知识。一般来说，考核营业人员的基本次序如下：

1. 如何不得罪顾客。
2. 深入了解顾客。
3. 产品本身的专业知识。
4. 基本销售话术的熟悉。
5. 商业沟通技术的运用。
6. 顾客应对策略的运用。
7. 业绩。
8. 创造个人品牌。

在专卖店里，产品本身不会自动产生销售，更多的是需要营业人员人为的力量来推销，人的因素，很大程度上决定了销售业绩，而营业人员的人为因素，又受到店老板的管理模式所影响。所以，若是老板带错了方向，甚至误导了营业人员，到头来却埋怨生意不好做，说店里的营业人员不敬业，其实，员工犯的错往往是技术层面的，而老板犯的错，却往往是方向层面的。

销售的最高境界是卖人，销售的最低要求是不得罪人，中间才是卖货。

第4讲　面对顾客的三个层次

开个小店不难：投入少、起点低。但是，若想做大做强，那就得下不少工夫了。除了市场背景和投入资源方面的差异外，更多的就是老板思维上的差异了。也就是老板自己是怎么看待自己的店、自己的生意，乃至自己所面对的顾客的。

简单点来说，在面对顾客这个层面，有三个层次：

一、老板自己想卖什么

九成以上的创业者，在起步时候都是这样的生意思维：认为做生意就是卖货赚钱，卖好货就会有销量，有销量就会赚钱，商品就是生意的核心和起步。所以，在面对顾客时，核心就是强调自己有什么，反复强调我的货物有多好，价格优势如何，我的服务又是如何，来买的就是识货的。也许生意不太好，但为数不多的回头客往往成为老板坚定干下去的信心支撑。

老板的注意力和感情，更多的是投在自己的货物商品上，不能接受对自己货物商品的批评。在面对顾客时，更多的是自己的主观思维，只是强调自己，我认为这个商品是好东西，顾客也会认为是好东西，而较少考虑到顾客是怎么想的。

二、顾客要什么

开店开到第二个层次时，老板会客观一些，不再坚持自己的主观看法，也知道自己的个人喜好并不能代表顾客群体，迎合顾客比强调自我更重要，价值的判断权也会交给顾客。当然，需求决定价值。这个时候，老板们开始研究顾客的需求，基于顾客的需求引进产品，设定产品结构，设定价格体系和促销方式，乃至陈列方式。

到这个层次，老板们开始建立客观的视角，能在一定程度上与顾客换位思考，并能结合经营和顾客需求之间的关系，开始有点成熟商人的味道了。

三、 引导顾客需求

满足顾客的需求，能让生意经营下去，但是，迎合对方，必然要委屈自己，并会在一定程度上压缩自己的利润空间，赚小钱是可以的，赚大钱就难了。

再往上走，就得要会引导顾客的需求了。在了解顾客当前需求的基础上，一方面，深入研究各类需求的延伸和变化特性，把需求面放大加宽，逐渐引导到有利于自己利润最大化的方面来。例如从普通等级的商品引导到高等级的商品上来。另一方面，就是研究新的需求，从无到有，创造出新的经营范畴，增加新的利润来源。

卖东西这个层面较为简单，老板自己一个人就能搞定。当然，老板自己一个人思考经营问题，自然会带着不少主观性，容易陷在"我要卖什么"这个框框里跳不出来。

若是要上升到"顾客要什么"这个层级，老板最好就别自己一个人考虑了，得要容纳更多人来共同思考和探讨。例如要组建市场部这类的机构，设立专业的岗位，大家集体讨论和研究顾客的各方面需求所在，并设计对应的满足方式，从中获取自己的利润。老板在这其中只能作为一个组织者和最终的决策者，而不能全程主导或是先入为主，这样一来，就又回到老板自己一个人的主观思维模式上去了。

再到"引导顾客需求"这个层级上，这个专业型就强了，并且会涉及较多的专业技术和资讯支撑，不但内部要有市场研究类的部门，还得要和外部专业机构合作，只有与市场数据分析、消费者研究、市场咨询机构等专业机构进行合作，才能有效地完成从顾客需求深入研究到需求引导全过程的技术类工作。

第5讲　顾客的进店与留店

大多数老板在考虑门店营业问题的时候，想得更多的是每天的营业额、成本、利润率。这虽然也没错，但是，生意的构成是一个涉及多个环节的运营体系，考虑问题要有结构和次序。

开店做生意，在论及成交率和营业额之前，先得考虑两个基本的前提指标，即进店量和留客时间，也就是每天店里的进客数量和顾客的平均留店时间。没有足够的进店量，后面就没有什么生意做。再有就是留店时间的问题。从理论上来说，顾客在店里待的时间越长，成交的概率也就越高。若是顾客进店之后很快就走了，与店员都说不上几句话，诸如顾客需求探寻、专业水平呈现、产品卖点等就没机会表现出来了。

在下边的文章中我们一个一个来介绍。

先说这个进店的问题。也就是如何把店门口经过的路人，变成进店的顾客。总不能把路人直接拉进店吧，那么我们只有想办法把路人"引"进店来。

从次序的角度来说，在顾客进店之前，先得进行早期培养，即给过路的路人建立一个早期记忆点，让路人知道这里有一家什么样的店，是卖什么的，并且形成对这家店的基本正面印象，尤其是家或是上班单位在附近的，每天都会重复路过店门口的路人。建立早期记忆点，并不需要路人进店，只是让路人在路过店门口时，能留下这些印象：

1. 这是一家卖什么的商店？
2. 这家店一直是处于活跃状态的？
3. 这家店有公德心？
4. 这家店有一定的专业度？
5. 这家店经营了很久，应该是一家比较靠谱的店？

这些记忆点的设立，很自然让路人建立对该门店的正面印象，并会很自然地想到，以后要是买这类商品，可以到这里来看一下，或者，身边有熟人如果要买这类商品的话，也能有个推荐。当然，要让路人对这家店产生这些正面印象也是有前提条件的，作为店家，起码有些基本工作要持续做到：

1. 保持店门口街道的整洁，如果明显比左右隔壁的店门口干净很多，说明有公德心。

2. 店员每天都在收拾店铺、擦拭货品，说明这家店做事的基本素质不错。

3. 店门口经常会有一些专业的告示说明，提供一些专业资讯，或是有专业的配件和服务供应，说明这家店的专业度不错。

4. 店门口的墙壁、橱窗、柱子、卷闸门上没有各类非法小广告。

5. 店门口有信息能显示出来这家店是哪一年开张的，或是直接显示已经开了多少年的。例如：本店十周年店庆广告。

6. 这家店三天两头做活动，或是有新产品到，说明这家店的生意一直不错，有一定的活跃度。

7. 诸如顾客在店里争吵、店员站在店门口嗑瓜子（并且向路面吐瓜子壳）、店外的空调室外机风扇吹人、拖把扫帚等清洁用品摆放在店门口、店招掉字、店外射灯断断续续、店门口堆垃圾、店内货物堆放在人行道上等这类有违形象和公德的事情就不能有了。这些表面上看起来是小事，其实都是在过路的路人面前持续损毁本店的形象。

当然，这些工作只是给路人一些正面记忆点而已，虽然不能直接产生进店人数或是生意，但是这为后期门店的生意打好了基础和铺垫。在这个问题上，店老板要建立一个概念，不是进店的顾客才能产生商机，而是每一个经过店门口的路人，都是本店的商机，都可能是潜在顾客。

建立记忆点这个工作，是天天都要做的。接下来，就是想办法吸引顾客进店了。一般来说，顾客主动进店，绝大多数是这几种情况：

1. 已经有明确的采购需求，所以会进来看看。

2. 没有明确的购物需求，只是进来逛逛而已。当然，若有合适的，也会买。

3. 在附近闲着没事，进店随便看看，反正是消磨时间。

4. 只是进店问路的。

5. 甚至是走错了才进店。

当然，大多数情况下，顾客是有了一定的采购需求之后才会进店，尤其是价格较高的商品，顾客基本不会随便逛逛就买。那么，若是完全等着有需要时才进店，那就有点被动了，这个时候，就得换个角度想想了。顾客对特定商品的需求是狭义的，进店可能性不高，若是设法将顾客进店的需求放大成广义的，将能大大增加进店量。所谓**广义的顾客进店需求，就是顾客进店的需求点不一定集中在本店所销售的商品上，而是放大到存在一定关联度的低价商品，或是与产品无关的家庭日常消耗品上**。例如：

1. 在卖空调的专卖店里，可增加一些与空调有关联度的低价商品。例如空调遥控器、空调清洗剂、空调挂机外罩、遥控器挂架等。

2. 在服装专卖店里，可增加一些与衣服有关联度的低价商品。例如衣架、衣罩、衣柜驱虫剂等。

还有就是可以增加一些与本店产品没有关联关系的商品，如家庭的日常消耗品，像电池、抽纸、湿纸巾等。反正家家户户每天都是要用的，到哪里也都是要买的，顺道看到了就买点带回去。无论是增加与本店商品有关联度的商品还是没有关联度的商品，都选择价格较低的，这样做的目的是吸引路人进店，并且因为低价，顾客能很快做出产品购买决策。当然，这类完全为了吸引顾客进店而设置的商品，就别指望赚钱了，没有低价的吸引，路人凭什么进店。

这类关联商品或是家庭消耗品，本身就有一定的需求性，加上价格低（相对于其他零售商），路人很容易做出决策，买个空调也许还要货比三家，买个电池就是分分钟的事情。而对于门店来说，要有对顾客的早期培养意识，别指望顾客第一次进门就买店里的主打商品，而是要先让顾客进来，无论是否买东西都不重要，重要的是与店里有个实际的接触，看下店里的环境和销售氛围、感受下店里的热情服务，以及在产品方面的专业性，进一步强化正面记忆点；并且，通过这次的实际购买行为（哪怕只是买了四节电池），也与店里建立了一定的关联性，与店里的店员成为熟人（哪怕只是点头之交的熟人），为下次有其他商品的采购，建立了铺垫。

顾客会因为某个低价产品的销售，而产生进店看看或是购买的意愿。那么，在进店之后，顾客很自然就会看看店里的主销产品，虽然只是进来买电池的顾客，但也会看看店里的新款空调，想想自己家里的空调也用了五年了，是不是该考虑换了。

那么，接下来就是一个新的问题了：如何让进店的顾客能多待一会，听听店员的介绍，与店员沟通一下自己的需求呢？

在顾客进店之后，店家当然希望顾客能在店里多待一会，有足够的时间让店员进行观察、分析、需求沟通、介绍产品、展示等一系列工作。那么，要想让顾客在店里多待一会，相关工作从顾客进店那一瞬间就得开始了。

首先，顾客愿意进店，肯定是抱有一定的兴趣，这是正面的加分因素。在进店过程中，若是相关的细节设置到位，那么就会有不断的加分因素。反之，则是不断的减分因素，最终导致顾客兴趣索然，掉头离店。

那么，从顾客进店开始，究竟会有哪些影响到顾客感受的细节呢？

一、进店口是否干净

是否有明显的地面破损，尤其是雨天地面是否湿滑。当然，这个处理办法也简单，除了保持进店口区域的干净整洁外，直接铺块地垫是最简单的办法。稍微讲究点的，可以铺两块：店外一块，灰色的、面积稍微大点的、1平方米左右的门口店内区域，再铺块稍微小点的，红色的，也就100多元钱的事。

二、店门

稍微有点档次的店，一般是有玻璃大门的，并且保持关闭状态，顾客进店时，需要自己拉开门进去。那么，这门上是否干净？是否有污渍？或贴了不少乱七八糟的东西（从代办证件到开锁广告）？门上的拉手是否干净？金属拉手在秋冬季节是否外包了静电防护套（同时也可防止顾客的手接触到冰凉的金属拉手）？门上是否有明显的标签说这个门是推开还是拉开的？大门在打开的过程中，是否顺畅？是否有阻滞或是擦地感？另外，在顾客进店之后，大门是否能自动缓慢回位？还是"咣"的一声砸在门框上，把顾客吓一跳？

建议在大门上装个阻尼回力臂，确保大门在顾客松手后，能缓缓地自动回位。

三、 店内的基本环境因素是否让顾客感觉到舒适

例如温度、光线、味道等基本环境因素，是否符合人体的基本舒适度要求。温度过高过低、光线昏暗、出现明显异味的，都是在赶顾客出去。

四、 进店之后及时招呼

在顾客进店之后，店员要在五秒钟之内看到顾客，并打个招呼。若是顾客进店一二十秒之后，还没有店员发现顾客并打个招呼的话，顾客瞬间就会有被冷落的感觉，甚至有掉头离开的可能。

顾客进店要及时打招呼，这个道理店员都知道，之所以没有及时与顾客打招呼，主要是没发现顾客进店了。为什么没发现？店员在低头玩手机、看视频……加上收银台的挡板位置高了，不抬头还真看不到有顾客进店了。当然了，解决办法也简单，花几十元钱装个电子欢迎门铃，有顾客进店的时候，电子门铃可以马上感应到，自动说"欢迎光临"。当然，并不是指望电子门铃欢迎顾客，而是提醒店员：来人了，别玩手机了，赶紧起来迎接一下。

五、 店员的迎接表情

店员上前迎接顾客时，顾客首先看到的是店员的表情，若是店员表情不好，例如脸拉得太长……顾客看了难免心生反感。麻烦的是，店员脸上的表情状况自己是看不到的。解决办法很简单，就是在店里尽量多装镜子，店员在起身迎接顾客之前，先照下镜子，调整下表情，再来面对顾客。

六、 迎接话术

也就是打招呼。一般来说，有三种打招呼的方式：

1. 与品牌有关联的，例如：欢迎光临×××（品牌名）专卖店。
2. 直接询问对方的购买意愿，例如：您好，来看看×××（商品名）吗？
3. 纯粹的打招呼，例如：您好/欢迎光临。

在顾客刚刚进店的时候，对店里的认可度还没有建立起来，直接涉及产品及品牌，乃至顾客的购买需求，有点早了，也没有把握顾客肯定会对这个品牌或产品产生兴趣，出于安全起见，建议使用第三种迎接话术，也就是不带销售目的的简单的打招呼，不涉及产品和品牌。

七、迎接动作

顾客进店之后，也许会涉及一些迎接动作，这就需要店员有点眼力见儿了，例如：

1. 在下雨天，顾客拿着还在滴水的伞进店。这时，不能直接叫顾客自己把伞放到伞桶里去，而应主动接过顾客的伞，再将其放进伞桶。

2. 雨天，顾客手上有水的，可主动递过去几张纸巾，方便顾客擦手。

3. 顾客若是携带了大包小包的东西，可先接一下，询问要不要先放在收银台里暂存一下，不管顾客是否需要暂存服务，至少表明了店员的主动服务意识。

4. 当戴眼镜的顾客进店时，若是店内外有温差，会出现眼镜起雾的现象，可主动递几张干纸巾过去，并说明让顾客擦一下眼镜。

……

以上所述，只是顾客在进店的瞬间，作为店员应有的基本迎接动作和话术，虽然时间很短，但却是接下来建立顺畅沟通的前提，也是延长顾客留店时间的前提。

第6讲　你被顾客带跑了吗

店里的生意难做,分成两个维度:一是进店顾客太少,二是进店顾客多,但店员搞不定。当然,为什么搞不定顾客,店员也会说出不少理由,诸如:

1. 顾客嫌价格高了。
2. 顾客觉得品种不够丰富。
3. 顾客觉得其他品牌的产品更好。
4. 顾客要去其他店里看一看。
5. 顾客觉得店里的促销力度不够大。
6. 顾客家里还有,这次只是看看,没有购买需要。

……

每天进来的顾客都这么说,店员肯定是要受影响的。时间一长,也会觉得顾客说的有道理,开始觉得店里的商品和价格都存在不少问题,所以导致生意很难做,于是对店里的产品、品牌、经营策略、价格等开始产生怀疑,并在店员群体中很快达成共识。再接下来,便开始向老板抱怨,当老板也开始接受这些思想之后,很可能会采取一些措施。例如:调整产品结构、引进更低价格的产品、加大促销力度,甚至是更换所经销的品牌。

问题是,做了这些调整工作之后,店里的生意并没有好转,顾客还是一堆意见,生意还是那么难做。于是,老板和店员们就更加认为,这生意啊,是越来越难做了。

虽说做生意要听取顾客的意见,但是,顾客说的话都是真的吗?若是顾客说的是假话,而老板和店员又相信了,不就是被顾客带跑了吗?听进去越多,歪得就越厉害。

其实,在买东西的时候,顾客嘴里的真话着实不多。别说顾客了,但凡三十岁以上的人,说话一般有两个特点:一是有话不直说,二是一般不说真话。

顾客挂在嘴边的那些话，诸如价格贵、东西这里不好那里不好之类，八成以上都是假话。为什么说这些话呢，也是有原因的：

1. 随口说的，习惯了。

2. 掩饰自己买不起的事实。

3. 为接下来的杀价做铺垫。

4. 出于对门店不信任，或是对店员服务的不满，但又不能直说，只能以一些客观原因来敷衍。

总而言之，顾客对于不买原因的表述，更多的只是一些推脱之词而已，可别都当真了，若照单全收，甚至以此作为相关的调整方针，这生意必然越来越难做。

当今的市场环境，总体上是供大于求，消费者的选择余地越来越大，必然对店家也越来越挑剔，在买东西的时候，脾气也是越来越大，稍有不当，一句话、一个表情、一个动作，乃至店员的口臭，都会直接导致顾客不爽。当然，顾客心里再不舒服、对店员再不满意，表面上，还是要给店员留三分面子的，不能直接说对人不爽。但是，很自然地就会通过对产品和价格的指责，来作为推脱之词。若是老板都信了，也就是被带跑了，所谓的改变，其实是脱离实际情况，越改越远了。

所以，在为顾客服务的过程中，对顾客所说出来的话，尤其是各种抱怨、各种对产品及价格的不满、对竞争对手的夸赞等，要形成三个条件反射的思维模式：

1. 嫌货的才是买货的，别一听到顾客啰唆几句，就立马认定对方是不买的，随即放弃销售热情，甚至语气也冷了，脸也拉下来了，这就等于直接把顾客往外赶。

2. 顾客对产品和价格的抱怨，别都当真话听，而应将其定性成推脱之词，要迅速想到，这是顾客在对门店本身和店员有意见，肯定是门店的现场布局或氛围让顾客感觉不好，或是自己刚才的表情、言语，乃至肢体动作哪里出问题了。可在顾客离店后，通过回放监控录像查找原因。

3. 人们一般不会说真话，更何况是对刚见面的店员。那么，顾客进店以后，在涉及价格和购买决定的沟通时，要主动去推测，顾客还有哪些话是没说出来的，只是留在顾客自己心里反复考虑的。比如说要不要去别家店看看？要不要对比下网上的价格？这家店本身的安全性怎么保证？这次要是买贵了怎么办？这些顾客没说出来的话，若是店员能主动推测出来，并主动说出来，对顾客的安抚和购买的促进作用将是十分直接的。

第7讲　完全顾客导向

在传统的门店销售思维模式中，顾客进店之后，就要紧紧抓住，想尽办法挖出顾客的需求，采取多种手段向顾客介绍商品，并争取将商品的卖点和顾客的买点（需求）进行结合，直接推动现场成交。

站在店老板的角度来说，这样的销售思维模式当然没错，开店做生意不就是为了卖货赚钱吗，既然顾客都来了，自然要将他拿下！老板这样想，自然也会要求店员面对进店的顾客，如此这般……于是，在绝大多数门店里，顾客在进店之后，必定会受到主动的、积极的、热情的接待，店员形影不离地跟随着顾客，千方百计地打听顾客的一切信息，采取语言、表情、肢体动作、图片视频、样品试用等手段向顾客介绍商品，强调我们的商品有多好，强调我们的品牌有多么高大上，强调我们的价格多么优惠，强调今天的促销机会多么难得，强调我们老板是个多么好的人，强调这个厂家多么稳定可靠，捎带着再把竞争对手给踩几脚……并且，在商品专业层面，喜欢把顾客当成小学生，来，让我告诉你，怎么买才是正确的……可谓想方设法、花样百出、竭尽所能。

可是，顾客又是怎么想的呢？

站在顾客的角度来看，这样密集的接待环节和推销方式，会让顾客有压力，丧失购物的乐趣。顾客进店，站在店员的角度来说，就是来买东西的，但是，站在顾客的角度来说，也许是买东西，也许是先来看看，也许是看到某个新奇的东西进来看一下，也许就是逛街，没有目标，四处看看而已，若是有合意的东西，也许会买一个。

站在顾客的角度，逛街、进店看看，是生活方式，是放松自己，是消磨时间，是自己的随意随性所为，是自己完全主导的自由行，是生活乐趣的一种，也是缓解工作压力的方式之一，图的就是随心所欲。可是，在这个过程中，突然有人跳出来，要求了解你的详细情况，口水四溅地推销商品，强迫你观看他们的视频和资料，非要你脱了衣服脱了鞋上去感受一下（别多想，我说的是卖衣服鞋子的店），要求你摘了耳机听店员喋喋不休地介绍商品，还会批评你错误的商品观，告诉你什么才是正确的！并且，众多店员将你的闺蜜或是好基友进行分割包围，然后还要你留下你的地址、电话、姓名、购买意愿……

够了，我这还是上帝吗？简直就是犯人啊！或者就是店员眼里的猎物，能不能放松点?！我就是出来逛逛街而已，想买的话，自然会找你店员了解详细情况的，在我没有主动表达出购买意愿之前，能不能让我自己安静地逛逛？你们烦不烦啊！

好了，让我们站在客观一点的角度，再来看看这个问题。能否将销售导向改为完全顾客导向？所谓完全顾客导向，就是这样的：

1. 店面干净整洁，顾客进店后能认可现场环境，并愿意在店里多逛逛多看看多停留一会。

2. 给顾客充分的自由浏览时间，简单的进店欢迎问候之后，就不过多打扰顾客，也不急于了解顾客情况或是进行商品推销，店员该干吗干吗去，让顾客自由地去逛店，也许人家只是来看看的。

3. 顾客有自由选择商品的权利，更有完全自主对商品价值认定的权利，店员不过多干预，没有必要非要向顾客证明顾客的价值观是错的，听我的就对了。

4. 当然，顾客想要对某个商品进行深入的了解时，店员也要非常乐意地介绍。若是顾客拿不定主意，并且主动询问店员时，店员要给予一些建议。

5. 在进店的整个过程中，顾客不需要过分热情的接待和甜腻的笑脸，保持有礼貌、适度的态度即可。

6. 顾客来去自便，笑脸欢迎顾客进店，笑脸欢送顾客离店，买东西不是我的恩人，不买东西也不是仇人。

其实，在顾客的眼里，买什么不重要，家里可能也不缺这个，自己心情好的话，买就买了呗，不用就放着呗，或者拿去送人，自己出来逛街，只是图个放松、愉悦而已，要是花钱，那也是花钱买享受，顺着我自己的意思花钱，谁愿意在被教导一番后，再花钱承认自己是错的呢？

第8讲　不要拿顾客做试验

　　现在的门店生意，已经不是简单靠产品本身了，更多的是要靠营业人员来推动销售，而营业人员又得靠两样东西：一是工作动力，二是工作技术（产品专业知识及面对顾客的销售技术等）。

　　营业人员具备的工作技术是怎么来的？入职前的自身技术积累是次要的，主要的还得靠入职后的学习掌握。

　　按说，在学习之后，就得运用了。毕竟，实际运用才是学习的最终目的。

　　不过，在绝大多数门店里，营业人员在学习相关销售技术之后，往往将其直接运用在对顾客的接待工作上，也就是运用在销售工作中。

　　那么，这里就存在一个实际运用效果的问题了，诸如：

　　1. 相关技术方案，理论上是有效的，在实际工作中一定会有效吗？

　　2. 顾客的实际感受会是什么？

　　3. 顾客一定会接受吗？会不会压根不买账？

　　4. 销售策略或是话术，会不会导致顾客的抵触或是反感？

　　5. 会不会出现意想不到的新风险？

　　6. 顾客会不会出现新的疑问？应该怎么回答？

　　7. 有些销售策略会涉及一定的流程步骤，那么，顾客一定会接受所设定好的流程步骤吗？

　　8. 有些销售策略的运用，会涉及营业人员之间的互相配合，能确保配合得好吗？

　　9. 新的销售策略和话术，与当地的风俗及采购习惯之间是否能兼容？

　　毕竟，新的销售技术的运用，必然有些不确定因素，多少会存在一些风险。严格来说，新技术的运用，肯定要有一个磨合及调整的阶段，若是在学习后直接运用在顾客身上，通过多个批次的顾客进行磨合及调整，就等于把顾客当成了试验品，虽然最终也取得了磨合效果，但毕竟会浪费不少顾客资源，损失相应的销售机会，若是因此得罪了一些顾客，那这试验成本就更高了。说得再严重点，每个顾客的身后都关系着几十个甚至上百个潜在顾客，得罪一个顾客，就是损失几十个上百个顾客。当然，这些损失在表面上是看不出来的。

再有一点，这些新技术的直接运用，若是出现些问题，也会影响营业人员对新技术的学习和运用，这也在一定程度上导致营业人员抗拒学习，故步自封。

在技术学习和实际运用之间，可以考虑增加一个内部磨合的环节，即针对新技术的实际运用，先进行内部的演练及测试，或是进行相关的调整，磨合或调整成熟之后，再开始将其运用在顾客身上，这就像正式演出之前的彩排、战斗机出厂后的试飞。这个内部磨合工作的相关构成内容如下：

一、磨合内容

所有将会被运用在顾客身上的销售技术，都要经过磨合测试。

二、磨合方法

1. 各种销售场景的现场模拟演练。
2. 话术的反复背诵，确保熟记于心。
3. 内部人员配合中的信息传递，话术配合，动作配合。
4. 现场录像录音，回放检测。
5. 销售工具的熟练运用。

三、配合人员

1. 营业人员轮番扮演顾客（人人都要扮演顾客）。
2. 店长或老板扮演顾客。
3. 外请熟人扮演顾客。
4. 邀请熟悉的老顾客作为测试对象。

四、 测试重点

1. 从顾客角度，分析相关的话术实际作用效果。
2. 可能会出现的新问题，或是来自顾客的新疑问。
3. 销售流程推进中可能会出现各类节外生枝的问题。

　　为避免把顾客当成试验品，把风险控制在内部，有必要在技术学习与实际运用之间，增加一个内部磨合与调整的环节：一方面，直接提升销售技术的实际运用效果；另一方面，这也是引导营业人员对技术学习的正式化、严肃化对待，参加店里的学习培训，不是仅仅听听课看看资料那么简单，而是要通过实际演练，逐个熟悉，并能换位思考，考虑到顾客的感受，避免单方面向顾客推销，从而实现与顾客的有效沟通。

第9讲　零售店产品组合的基本方法

要把次序明确下来，先得要有产品组合，确定产品类别后，才是选品。

先说产品组合。

如果每个产品，既有利润又有销量，而且牌子响，不用店家费力推销，顾客进来就会指明购买，那就太好了。可是，在现实中，几乎没有这样完美的产品。每样产品都是有局部的优势，同时也存在一些短板。诸如利润高的产品，但是因为是新牌子，顾客的接受度较低，销量很低；跑量大的名牌产品，往往价格已经透明化了，利润也就很薄。通俗点来说，就是好卖的不赚钱，赚钱的不好卖。

这个问题怎么解决呢？就是产品组合，通过每个产品本身的不同特点，发挥各自的优势，取长补短、形成合力，在吸客、销量、利润等因素之间取得一种平衡。这就像炒菜，有主料、有辅料、有配料，根据一定的比例进行组合，才能烧出好味道。

做产品组合，首先就要明确每个产品的基本功能。常见的产品功能定位如下：

一、吸客产品

所谓吸客产品，就是对顾客会产生一定吸引力的产品。例如著名品牌的畅销产品（老干妈辣酱、可口可乐）；或是产品本身具备足够的吸引力（产品本身外形独特、功能先进等）；或是价格超低的日常消费品（例如大卖场一元钱一斤的鸡蛋、九元钱一只的烧鸡、五角钱一节的电池）。这类产品，不需要店家特别做宣传，产品本身就对顾客有一定的吸引力，可以将顾客吸引进店。

二、带货产品

属于刚性需求类产品。顾客对此产品较为熟悉，并且已经形成购买习惯，会重复购买，销售量较为稳定，就像家用的柴米油盐酱醋茶，肯定是要买的，且会持续购买。

三、利润产品

这个简单，就是利润丰厚的产品，老板就指望这些产品赚钱。

四、品牌产品

产品自身的品牌知名度非常高，且品牌档次也较高，能在一定程度上消除顾客对店家的陌生感（店不熟悉，但店里的某个产品很熟悉），并且，能在一定程度上提升店家的整体档次。例如粮油店里的高端橄榄油、手机店里的新款苹果手机、烟酒店里的茅台五粮液。

五、竞争策略产品

通俗点说，这些产品就是炮灰类产品。压根就没指望这些产品能挣钱，而是将其作为和竞争对手打仗，攻击竞争对手的主打产品，或是转移顾客的注意力，避免将价格战之火烧到自己的利润产品上。

六、培养产品

所谓培养产品，就是当前销量较低，但未来发展前景不错，值得花费时间和精力培养的产品。

上述就是常见的六大类产品的功能概述，各自产品的功能不一样，销量不一样，所能带来的利润也不一样，需要通过一定的组合，才能发挥最大的整体效益，平衡销量和利润。那么，这六大类产品，要通过一个什么样的结构整合在一起呢？如图所示：

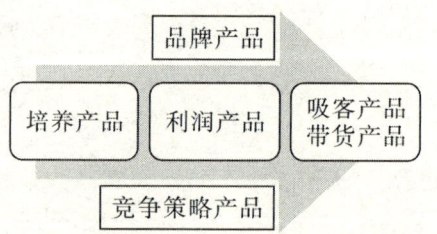

在结构确定之后,各类产品就涉及比重的问题了,也就是什么样的产品占比设定在多少比较合适。常规的产品比重如下,可供参考:

产品类型	参考销量占比值
吸客产品或带货产品	40% ~ 50%
利润产品	20% ~ 30%
培养产品	10% ~ 20%
品牌产品	5% ~ 10%
竞争策略产品	5% ~ 10%

当然,不管产品比重怎么设置,最终的目的都是为了利润,不同的产品类别,所承担的利润贡献比例是不一样的。常规利润占比结构如下:

产品类型	参考利润占比值
吸客产品或带货产品	30% ~ 50%
利润产品	20% ~ 30%
培养产品	10% ~ 20%
品牌产品	5% ~ 10%
竞争策略产品	-10% ~ 0%(无利润,或是略亏)

毕竟每家店的资金有限,库位面积也有限,需要设定一个对应的库存量:

产品类型	销售频率（每天）	需要保持多少天的库存量	正常库存值设定
吸客产品或带货产品			
利润产品			
培养产品			
品牌产品			
竞争策略产品			

若不想这么复杂，还有一种简单产品组合的考虑因素，就是价格带模式。同一品类的产品，需要设置不同的价格带，以满足不同层级的消费者需求，主要设计因素包括两个：价格带的范畴、每个价格带的比重。

价格带区间（例）	产品比重（例）	对应的产品类型
10～30元	5%～10%	
30～60元	20%～40%	
60～100元	30%～40%	
100～300元	10%～20%	
300元以上	5%～10%	

难度最大的产品组合设计，就是按照产品的特性来设计产品组合，这需要老板对消费者的购买行为习惯，以及产品品类非常熟悉才行。所谓产品的特性组合，即是以消费者群体中各类需求特性划分为基础，围绕满足消费者特性，来进行产品组合设计。

产品特性类别（例）	产品比重（例）	对应的产品类型
普通消费	30%~40%	
应急/备用	10%~15%	
面子/排场	20%~30%	
专业级	10%~20%	
创新/个性化	5%~10%	

这里要特别说明一下：为什么要设置培养产品？因为绝大多数产品都会经历三个发展阶段，即明星产品、现金产品、瘦狗产品。随着销量的上升，价格就会出现透明度，窜货量放大，或是会被竞争对手当成竞争产品，价格走低，盈利能力持续下降，最终变成瘦狗产品。所以，要开始培养产品成为未来的利润贡献产品。

产品组合的框架做完了，接下来就得往里面填充具体的产品了。那么，究竟选择哪些产品装配到对应的产品组合位置上去呢？这里有个最基本的原则就是"匹配"。也就是说，没有绝对的好产品与坏产品，而只有匹配的产品。匹配什么？

1. 匹配当地的消费者群体。
2. 匹配自己的销售能力。

我们先从匹配当地的消费者群体说起。不同的消费者群体，对各类型产品的功能认可度是不一样的。甚至，在同一个城市，在不同的社区，消费者的层次和消费能力都是有区别的，需要不同的产品组合来匹配。例如：粮油店里的橄榄油，在普通社区里可能被定位成培养产品，而在高端社区就是带货产品了。那么，在具体设计产品组合时，可以通过哪些技术手段来实现呢？

1. 考察当地经营多年的同类门店。这些老店的产品结构，也是在多年的经营过程中逐步调整和沉淀下来的，较为贴近当地市场的实际情况。

2. 考察当地的大卖场，尤其是国际性大卖场。当前国际性大卖场大多采取品类管理，针对每个卖场所处的商圈，进行消费者群体结构调查，再依据相关的调查数据，设定每个卖场不同产品类别的产品结构和比重。比私营门店靠经营历史沉淀得来的产品结构，效率更高、更专业。

3. 老板自己亲自执行的市场调研。通过走访门店所在商圈的基本情况，例如社区的数量、等级，周边商业机构的消费特点与层级，大型企事业单位的数量，大中型零售消费企业的状况，主要街道的客流量等情况，来综合分析判断。

再有就是与老板自己卖货能力的匹配。通过走访当地的同类门店，可以很快看到初步的产品结构。但是，这是人家的产品结构，人家能玩得转，不代表你也玩得转，这就涉及老板自己的销售能力了。若是老板本人不亲自值守在店里，而是靠员工来进行销售工作，还得涉及员工的销售能力，乃至老板的技术辅导和人事管理能力。例如在产品组合中，设定了高利润的高端商品。但是，你会卖这些高端商品吗？例如烟酒店老板都知道进口红酒利润高，也纷纷引进。但是，有些老板连进口红酒的容量标记都搞不清楚，什么是 mL，什么是 cL 都分不出来，顾客一问三不知，就这水平还卖啥红酒，趁早歇了吧。总而言之，若是不具备对应的销售能力，即便设置了产品组合，也是空的。再打个比方，选产品就是选赚钱的工具，选工具的基本原则就是自己要熟悉，要能玩得转，不然就会伤着自己。所以，得量力而行，自己能玩得转的产品组合，才是有实际意义的产品组合。

在产品组合的设计中，还有几个因素需要考虑到：

1. 引进的产品不能太先进。消费者的消费习惯一旦养成，改变是一个很缓慢的过程，也不是一两个零售店的老板就能改变的。所以，老板们在引进产品时，原则上以符合当地消费者当前的消费习惯为主，切忌过于领先。毕竟，一家零售店而已，没有足够的能力和实力，可以有效引导当地的消费潮流。领先一步是先进，而领先三步就是先烈了。

2. 不能以老板个人的消费观来看待产品。这是很多老板的一个通病。在选购产品时，很多老板以自己的个人喜好以及个人消费习惯来作为产品引进的标尺。记住，你自己喜欢只能代表你自己，不能代表当地的消费者群体。这类低级错误，是创业者刚起步时容易犯的毛病。

3. 单品比重切忌过大。不管当前某个产品多么畅销，在整体产品结构里，单品的比重不能超过30%，这是出于安全考虑，万一这个单品出点问题，对全店的生意影响就太大了。

4. 产品组合不是固定不变的。产品组合设计也不是一劳永逸的事，今天的设定，也许只是在今年内有效，明年可能就不行了，得要与时俱进地调整。例如产品占比的调整，该删减的产品要及时删减。

道理说了这么多，有些老板也能掌握基本的产品结构设计方法，只是很难保证脑子一直是清醒状态的。经常是被上游经销商或是厂家一洗脑，直接就将设定好的产品组合扔在一边，全盘接受了上游经销商或是厂家所提供的产品组合建议，将上游的产品组合直接当成自己的产品，并且还会在上游的洗脑教育中主动放弃一些已有的产品。这个问题不是一篇文章能在技术角度解决的问题了，而是要看各位老板本身的抗忽悠能力了。

即便老板自己的脑子是清醒的，也不能保证一直按照自己所设计好的路径走下去。在实际的经营活动中，经常会受到各类进货政策奖励、客户的意见、突如其来的一个大单、当地竞争环境的变化等因素，逐渐就会背离当初设定的产品结构。在这个时候，老板要坚持做定期回顾，以早期设定好的产品结构，对应当前的实际产品结构，分析其中的差异所在，对于这些差异，要找出原因：是早期的设计有问题、是自己的销售能力做不到，还是受外界因素影响，出现了偏离。

作者简介　　潘文富

森潘纺织品贸易（上海）有限公司　　　　总经理
上海森潘企业管理咨询有限公司　　　　总经理
1994年接手家族生意，作为私营经销商业主，进入消费品经销行业。

期间进入上游生产企业工作数年，从事经销商的管理及培训工作。

1999年开始建立经销商内部管理及厂商关系等方面的研究课题。

从2004年起，开设咨询机构，专业从事经销商管理项目咨询。

E-mail：panwenfu@vip.sina.com

网站：http://www.panwenfu.com

电话：021—52353796（上海）　　　027—83968251（武汉）

微信公众号：senpan83968132

第10讲　店外客流与广告性质

站在店老板的角度，恨不得马路上路过的顾客都能进店购物。为了吸引顾客进店，店门口的宣传手段接连不断，诸如大店招、LED字幕、POP海报、花车特卖、X展架恨不得摆满人行道，音响震天响，促销小妹站在店门口恨不得把顾客直接往店里拉。

但是，站在顾客的角度，从知道这家店到进店购物，也许会有一个漫长的过程。先是路过时注意到有这家店，有需求时再进店看看。当然，也许路过时根本就没看到，或是看到之后随即就忘了。

从运营的角度来看，顾客在产生明确需求或是进店之前，先得对门店有个基本的印象，若是有正面的印象那就最好了，这样就大大增加了当前或是后期进店的可能性，就属于门店的未来顾客。储备的未来顾客越多，再加上当前顾客的回头购买，门店的生意就有了持续的发展保证。这个道理店老板也是懂的，之所以在店门口布设这么多宣传措施，就是给过路的行人留个印象，今天不来明天来嘛。

道理是简单的，执行起来就得要细致一些了。具体要在店门口做哪些宣传广告，并不是多多益善，而是要根据店门口的客流性质来决定。不同的客流性质，广告传播的内容是要区别对待的。

我们可以把店门口的客流划分为两种性质：一种是固定重复客流，顾客家在附近或是上班上学的单位在附近，经常去的购物娱乐消费场所在附近，这样的话，顾客就会在一个较长的时间段内，重复经过店门口。例如家住附近的，每天都要从店门口经过两次；还有一种属于一次性过路客流，指的是临时性的路过，下次来的可能性很小，例如车站码头，偶尔到附近某个单位办件事，后期重复再来的可能性和频率都很低。

这类顾客虽然都存在当前或是未来的采购需求，但作为店家，所要抓的着眼点就不一样了。作为固定重复客流，可以从长计议，培养顾客对门店的记忆点和正面印象，在店门口的广告传播上重点释放以下信息：

1. 本店的经营历史。
2. 产品知识普及。
3. 门店的专业度。
4. 对产品的售后服务。
5. 配件供应或是产品升级信息。

重点是给顾客带来以下印象：

1. 这里有家什么店？是卖什么的？
2. 这家店看起来经营了不少年了，挺稳定的。
3. 这家店一直是处于活跃状态的，不断地推陈出新。
4. 这家店的专业度不错，是行家。

一旦这几点建立，就等于形成了正面的记忆点，在今后产生需求时，就会直接对门店产生思考关联，促进进店选购，或是推荐给身边有需要的人。也不强求顾客进店非得购买，留下记忆点就行了。

若是一次性过路客流，今天路过店门口，下次恐怕得是十年后了，甚至是这辈子都不会再来了。面对这样的顾客，就得抓住当前的销售机会了，引发顾客今天就能产生的需求，设法吸引顾客进店等。那么，在店门口就应释放如下广告信息：

1. 强调今天特有的特价和赠品（仅此一天，过往不候）。
2. 新产品的推广活动。
3. 提醒顾客因为换季或是某类安全事故，可以考虑购置或是升级某类产品。
4. 通过某类新奇特产品或是价格标尺透明的特价产品（五角钱的名牌电池、一元钱的可乐、十元钱的名牌洗发水），直接吸引顾客进店。

当然，以上这两种客流是并存的，只是比重大小的区别，作为店老板，要想搞清楚自己店门口的客流类型比重应该不难，若是想做长久生意，就得根据客流比重的情况，有区别地采取广告宣传主题了。

第11讲　小型专卖店的时间概念

从理论上来说,顾客在店里的停留时间越长,成交的可能性就越大。若是大店,商品品类多、店面面积大,对顾客来说,可逛的地方多,自然会多停留一会。可是,小型专卖店只有几十平方米,甚至只有十几平方米,产品也较为单一,顾客从进店到离开,也许只有几十秒的时间,留给营业人员的接待时间是非常短暂的。

作为门店的营业人员,针对顾客的进店时间,要有两点基本概念:一是如何利用好有限的时间,二是如何延长顾客在店内的停留时间。

一、如何利用好有限的时间

1. 在店门口安装感应欢迎门铃,确保顾客进店时能被及时发现,能迅速迎接上去。

2. 具备快速识别能力,对刚进店的顾客,营业人员要在5秒钟之内迅速进行识别,包括顾客的基本身份、是否有亮价行为、心情好不好、家境如何、是否承受较大压力、是否具备高消费的特征、是否存在相关的危险信号等(相关识别方法另文专述)。

3. 一句话打招呼,根据识别情况,看是使用标准的"欢迎光临",还是本地口语化的招呼语。这里要留意一点,大店打招呼讲究标准和流程,小店打招呼则要突出亲切感。

4. 迅速划分顾客类别:是随便逛逛的还是有目的性进店的,是顾客自己使用的还是给别人买的。

以上这些工作,需要在20秒之内做完。也就是在20秒钟之内,要与顾客建立基本关系。

二、如何延长顾客在店内的停留时间

小店可逛的地方不多，顾客进店以后，也许很快就会走，要想办法让顾客尽量多停留一会，多些沟通的机会，如此顾客就会释放出更多的采购信息，营业人员也就有机会抓住并放大顾客的采购意愿。当然，这就得使用一些策略了，例如主动给顾客安排一些小型增值服务。

1. 手机免费充电。普遍使用的智能手机有个麻烦——电池容量小。店里可为顾客提供免费充电服务，使用立式充电器（别用简单的线充），放在收银台的高处（方便顾客随时可见），并且，备齐主流的苹果端口和 MINI USB 充电端口。若是预算许可，还可置备最新的无线充电板。只要顾客的手机连接上充电器，总要多待一会吧。

2. 给顾客倒杯水也能延长一点时间。当然，这个水杯得要讲究点，太便宜的一次性纸杯或是塑料杯，有些讲究的顾客也许还看不上，接过来也不喝。这就得稍微多花点钱了，采购些高质量的航空杯（航班上用的一次性塑料杯），有些经常坐飞机的顾客，会认识这种杯子的。这杯水喝完的可能性就比较大了，也许还会续杯，这样时间又延长了。

3. 只要是戴眼镜的顾客进店，在沟通时主动提醒顾客，眼镜镜片上有点灰尘（管他有没有），然后主动给顾客拿个一次性眼镜擦拭湿巾（成本不到一角钱），让顾客自己把眼镜擦一下。按照笔者的测试，98%以上的顾客都会随手摘下眼镜，接过擦拭湿巾，开始擦拭眼镜。

这类增值服务，这里只是简单列举几个，大家可以举一反三，设立出更多的小型增值服务项目出来。之所以安排这类增值服务项目，既是让顾客对门店和营业人员产生一些好感，同时，顾客接受了这些小型增值服务以后，也不好意思马上离开，这就延长了停留时间了。

第12讲　零售店的进货选品

进货分为两种基本类别：主动进货和被动进货。所谓主动进货，就是自己找到上游供应商，指名道姓对某类商品的进货。所谓被动进货，就是别人找上门，问你要不要货。

关于这个进货问题，先得说明几点：

一、进货成本

所有进来的货都有成本，这个成本不仅仅是进货的资金成本，而且包括库存成本、陈列成本、销售成本。并且，不论是否产生销量、是否产生利润，这些成本都是要出现的。所以，不能认为是供应商铺底进的货售后再付款，就没有成本。

二、牢记产品组合

既然做了产品组合设计，在实际进货的时候，就要确保是在这个产品组合的范畴以内，别跑偏了。就像盖楼，要时刻保持工程进度与设计图纸的一致性，不然这楼就盖歪了。

三、库存表的及时更新与查看

在产品组合设计里，有对应的库存参考值。各类产品应该有个对应的库存量，还需要形成库存表，并保持及时的更新。在进货时，要对照当前的库存表进行数量核算。当心别被供应商忽悠，或是贪图眼前的进货奖励政策，脑子发热便开始超量进货。

四、门店信誉担保

所有进来的产品，都是以本店的信誉作为担保再进行销售的。在这个问题上，老板要有所警惕，产品要是有问题，不是简单退给供应商这么简单的，而有可能会砸掉自己的店招牌，毁掉好不容易培养起来的回头客。

无论是主动进货还是被动进货，在进货之前，老板先得对进货渠道进行主动了解，以自己所设定的产品组合为基础，对涉及的各类产品的厂家或当地经销商进行主动了解。主要手段包括：

1. 走访熟悉的同行门店，搜集供应商信息。
2. 列席本地的行业论坛，或是综合型订货会。
3. 留意当地经销商的广告。
4. 网络搜寻。
5. 主动联系相关厂家，询问其在本地的经销商信息。
6. 对身边人脉圈子的了解。

对上游的供应商群体状态，通过一个汇总的表格来集中体现：

	公司名称	公司名称	公司名称
公司性质	（经销商/厂家）	（经销商/厂家）	（经销商/厂家）
主要经营品类			
拥有品牌			
公司规模			
本地行业排名			
经营历史			
销售方式			
经营风格			
合作特点			
商业信誉			
备注			

通过以上这个表格，老板对本地的供应商群体情况大概也就有个谱了，到时候就不会被上门的业务人员瞎忽悠了。

在当前这个供大于求的市场环境下,新店开张之后,即便老板不主动去找供应商,每天巡街的各类业务员也会很快找上门来的。不过,从安全角度来说,在与供应商开始接触时,要保持这样一个基本次序:

1. 选商家。对方公司是否靠谱。
2. 看人。人是不是稳定,是不是具备起码的职业素养和专业度。
3. 选货。

老板前期对供应商群体的主动了解,只能了解到较为简单的基本信息,现在供应商的业务人员上门了,可以借此机会进行详细的了解。对于一些打算合作的供应商,得建立一个简单点的供应商档案。通过业务人员提供的相关信息,或是提供的各类文字资料,进行收集整理,尤其要明确这几点:

1. 这是厂家还是经销商。有些经销商喜欢把自己打扮成厂家,说是厂家在当地的分公司。
2. 明确的退换货流程。
3. 公司基本政府文件的复印件(营业执照、税务登记证等)。
4. 产品的"三证"复印件。
5. 公司总部的联系方式、官网、公司微信号等。

当然,若从安全角度来说,到对方公司实地去看一下,那是最靠谱的。

在对供应商本身进行了解和安全确认之后,接下来就是对供应商的业务人员进行了解和安全考量了。

一、稳定性

通过与业务人员的沟通,了解其是否是本地人、在本地工作了多久、在这家公司做了多久、以前在什么公司工作,侧面了解其对当前公司的认可度、是否有抱怨,综合判断出其稳定系数。业务人员一旦存在不稳定性,就很有可能在开了一堆空头支票,或是狂压一堆货之后,就辞职不干了。

二、综合职业素质

若是老板本人有点行业背景和专业经验,可以通过与业务人员的沟通直接判断出来。若是专业度较好的业务人员,可将产品组合拿给对方看,也是让对方对自己多一点了解，以便今后更好地合作。一个优秀的业务人员可以帮你卖货做动销，而一个笨蛋业务人员却只会压货收款。

三、是否有私货

在当前的供应商业务人员队伍中，做私活的不在少数，即供应商的业务人员自行销售产品。当然，业务人员不会说这是自己的私货，而是以公司产品的名义进行销售。所以，在进货时需要留意相关的随货单据，以及对照供应商的标准产品目录，即便是新产品，也要与供应商公司总部进行确认。

第13讲　拦截思想的危害

对于进店的顾客，店家当然想把生意做成，最好是当场就达成购买意愿，只要顾客一进店，店家就不想让顾客空手出去，这一放跑了，顾客就会去照顾竞争对手的生意，所以，要抢在竞争对手前面，设法把顾客拦下来，高低也得把这个生意给做了。这就使很多店家都有拦截思想。

在培训行业，为迎合店家的需要，也有类似的顾客拦截课程，只是这几年已经很少有动静了，因为这个拦截思想，表面上看起来很有道理，貌似能直接提升现场成交率，但是带来的麻烦却更多。

一、导致营业人员心里着急

拦截思想的核心就是两句话：一是别放跑顾客，二是务必当场成交。且都是有一定时间限定的，因此肯定让营业人员着急，这一着急，考虑问题也就没那么细致了，也没时间切换思维角度，诸如站在顾客的角度考虑问题了，甚至，有些说出来的话也没还来得考虑一下了。并且，当人心里着急的时候，脸上的表情一般也不会好看，肢体动作的幅度也较大，整体给人的感觉就是显得较为激动。

二、顾客购物感受变差

对于顾客来说，现在买东西越来越方便，在网上买是图便宜和省事，在实体店则更多的是看重了有安全感和良好的购物感受。所谓良好的购物感受，就是在环境氛围良好的前提下，心情愉悦，自由挑选，能与销售人员进行轻松愉快的沟通，并得到产品方面的专业解答。总而言之，只有在顾客自身整体感受良好的前提下，才会做出购物决定。

可是，店里营业人员一旦有拦截思想，就会着急，一着急，在语言、动作、表情等方面就没那么讲究了，对顾客的接待服务工作也就没那么细致了，也就照顾不到顾客的感受了，甚至出现对竞品的语言攻击行为（试图借此来抬高自己），导致顾客感觉自己被压迫，被直接推销，也觉得这个店家的品行有问题（攻击竞品），如此，他还可能会买吗？别说成交了，也许还会导致顾客加速离店。

三、不考虑进店顾客的早期培养

从长线来考虑，每个进店的顾客都是长期顾客，并且还能带来更多的新顾客，每个顾客身上都有深入的持续开发价值。

而拦截思想在实际落地运行中，往往把顾客当成一次性顾客，觉得反正就来这么一次，赶紧逮住，不然跑了以后就没机会了。若是把顾客当成一次性顾客，自然也就不会考虑对顾客的长线培养问题，以及对顾客身边群体的开发问题，也不会建立让顾客下次进店的机会点。再加上进店顾客的感受不好，这就等于每进店一个顾客，今后就少了一个顾客。或者说，反而是给竞争对手送生意过去。

四、直接取代了顾客的判断权

顾客最终决定购买，往往是顾客自己劝自己的结果，而不是来自店家的劝说。在顾客心里，店家只是介绍产品、提供服务的，最终的采购决定权在顾客自己手里，店家得要尊重顾客的决定权。但在拦截销售中，店家往往会直接取代顾客的决定权，直接替代顾客做出决定：你就买这个吧，这个挺适合你的。

大家都明白，现在是买方市场，要想赚顾客的钱，就得研究顾客，迎合顾客，当顾客在购物时的选择权越大，脾气就会越大，就越会在乎自己的购物感受，并且会居高临下地看待店家，不好意思还价或是不敢提条件的顾客越来越少了。总而言之，越来越多的顾客把自己当爷当上帝了，他们讨厌被拦截、被强迫消费。在这个大背景下，还玩拦截销售这一套，不是与顾客对着干吗?!

第二篇

对顾客特性的研究

第14讲　高看顾客

虽然说人和人是平等的，但是，从孔子的君臣开始，人们就喜欢把身边的人分成三六九等，不但活着的时候分等级，就连死了下阴曹地府，还分隔十八层。在做生意时照样如此，虽然喊口号说要把顾客当上帝一样敬奉，表面上看起来非常热情，也能露出八颗牙齿展示自己的笑容，但是在心里，还是把顾客分等级的。

营业人员的工作做长了，自然也就有经验了，对进店的顾客也就有了一定的判断识别能力。在顾客进店短短几分钟甚至几秒钟以内，营业人员通过顾客的衣着打扮、神态举止、沟通内容，迅速就会将顾客类别、进店目的、价值等级进行分析。对于价值等级较高的，自然是发自肺腑地热情接待；对于其中一些价值等级较低的，也就是没有采购意向及能力，或者说今天没有采购意向的，自然也就不怎么待见了（您自己慢慢看……），甚至还会不理会。

当然了，老板可不这么认为，毕竟进店的都是客，没准在这些看起来不打眼的顾客群里隐藏着一个大客户呢。或者说，人家今天不买，不代表明天不买啊。所以，老板往往会要求营业人员对顾客一视同仁。但是，绝大多数营业人员可没上升到这个战略高度。毕竟，层级越低，思考问题的方式就越简单，眼光也就越短：没准我下个月就不干了，这些顾客即便今后有采购能力，关我什么事！

对于老板来说，对于进店的顾客一视同仁地热情接待，是必须要做到的。但直接要求营业人员照此执行，未免有点强人所难。所以，得要有点策略，以引导营业人员逐渐提升对所有顾客的接待态度。

一、设定主题词

就一句话："对进店的所有顾客都要高看一眼。"

也就是要在认识上主动拔高对顾客的价值认定。

二、 为什么要高看一眼

对今天有明显采购意愿及能力的顾客，自然要高看一眼。但是，对于一些明确没有意愿和采购能力的顾客，为什么也要高看一眼呢？

1. 今天不买，不代表明天不来买。

2. 自己不买，不代表不推荐别人过来买。

3. 换个角度来看，进店的顾客不捣乱，就算是帮忙了。能对进店的顾客有个安抚，也是在减少安全隐患，可减少那些因为受到冷遇而负气离店的顾客四处去散布针对本店的负面言论。

4. 表明上看起来价值不大的顾客，也许同时也去过其他店，也许被其他店的营业人员冷落过，到了我们的店，若是能热情接待，这对比感一下子就出来了，人一感动，产品的问题、品牌的问题、适用度的问题，乃至钱的问题，也许都是能克服的了。

5. 也许这个顾客压根就没采购可能，但顾客家里有个帅气的小伙子，而营业人员今年正值花季……即便这个进店的顾客不太像有个帅气的儿子，没准他们家亲戚有呢。

6. 总而言之，所有进店的顾客都有价值，这个价值不一定体现在今天的采购上，从体现方式和时间作用点这两个角度来说，应是多元的。

三、 与营业人员有什么关系

讲道理不复杂，可将道理转换成执行力，并且是持续的执行力，就得依靠利益来起到链接和推动作用了。

1. 对营业人员的考核模式可以考虑进行一些调整，从纯粹的销量结果考核型，改为过程和结果并存的考核模式。例如，增加对所接待顾客的信息搜集情况（即通过向顾客询问需求信息及联系方式等信息，来间接评价顾客的满意度），或是增加对营业人员的顾客接待量方面的考核计算标尺。通过这些考核标尺的建立，告诉员工，不仅仅销售金额有考核有奖金，就连接待的顾客量，以及所接待顾客的满意度也有考核和奖金。甚至，在某些特定阶段

（新店开张时），可将考核比重更多地放在顾客的接待量和接待质量上。

2. 首接持续分红制。对于营业人员首次接待的顾客，无论该顾客今天是否买东西，即将其纳入该营业人员的个人范畴。不但这个顾客的购买商品有奖金，并且这个顾客介绍其他人过来买东西，也给这个营业人员算奖金；若是某个营业人员所属的老顾客来买东西时，是其他营业人员接待的，其仍然可获得一定的奖金分成。

这就有点像传销体系中的下线机制，一旦是你的下线，终身都是你的下线，并且下线所发展的下线，都将是你的下线。当营业人员所积累的这些顾客数量越来越多时，自己就不会轻易离职了。毕竟，这一走，积累的这么多的顾客资源就全没了。

四、技术上的对应辅导

当营业人员将某些顾客设定为低价值顾客之后，在语言、表情、肢体动作等方面也许就没有那么好的控制力了。顾客是很敏感的，对顾客好一点，也许顾客没感觉，但是，若是有一点点轻视，顾客却是能迅速感觉出来，也会迅速识别出来的。尤其是底气不足的顾客更敏感，他们感觉不好时，也许会随即转身离去，以后再也不会来了。

这里就需要对营业人员进行相关的技术辅导。首先，通过考核内容的调整，让营业人员在心里建立起对顾客的多元价值认定习惯。然后，导入相关的自我控制技术，也就是在面对传统意义上的低价值顾客时，在语言、表情、肢体动作、接待方式等方面应该有哪些控制办法。这并不要求店里对这些低价值顾客有什么实际上的付出，只是在态度语言方面的方式调整，让顾客的感受好一些。

五、具体的高看方式

除了营业人员自己在心里对顾客要高看一眼外，还要让顾客能感觉到，到这家店里逛逛，能被店里的营业人员高看一眼。

对于顾客来说，现在的消费行为，不仅仅是采购自己的所需，也是在花钱买一种自己喜欢的需要的感觉和氛围。另外，绝大多数顾客对自己也有一定的拔高，认为自己在见识、能力、思维方式等方面，与一般人是不一样的……当然，若有其他人也能当面认同这一点，那自然是非常开心的。

对于营业人员来说，要想迎合顾客对自我的拔高，对应的办法不复杂，可提前多准备些各种类型的"高帽子"，对进店顾客免费大"派送"：

1. 称赞顾客具备专业水准，比营业人员看商品还到位。

2. 主动询问顾客是不是有高大上的职业，诸如军官、政府官员、艺术家、教授等。

3. 说顾客身上有种独特的气质，用语言还不好表达。（99%的顾客听了心里会狂笑不止）

4. 在店里设置一面细长的全身镜子，镜子要有一定的拉伸效果，矮胖子站在镜子面前也会变得高大挺拔，顾客的感觉会好很多。

5. 若是顾客气质不行，长得也不行，既没有英武之气，也没有学儒之风，那就只有另辟蹊径了，可小声地问一句："您是工商局的吧……"

第15讲 补偿型购买

买东西是需要理由的，也许是自己喜欢，也许是符合实际需求。理由的来源又可分为两种：一种是顾客自己找的，还有一种是营业人员给顾客所导入的。当然，站在营业人员的角度来说，顾客之所以确定采购，肯定是自己成功的劝说了。其实，客观地说，顾客购买东西的理由大多来自顾客自身，也就是自己给自己找理由，理由确立之后，接下来才有采购行为。

除了个人喜欢，或是符合需求之类常见的理由外，还有一种较为隐藏的理由，叫补偿型购买。所谓补偿型购买，就是顾客对产品本身属于可有可无的，买也可以，不买也可以。但是因为某件事情，而对营业人员心生愧疚，无以为报，干脆就在营业人员手里买个东西吧，就算照顾人家生意，自己也落个心理平衡。

为什么会产生补偿型购买呢？这与国人思想里的"平衡"有关。所谓平衡，简单点来说，就是不想欠别人的，也不想别人欠自己的。有句古话叫"滴水之恩，当涌泉相报"，还有一句话是"君子报仇，十年不晚"。其实，从根上来说，人们不是喜欢报仇，也不是喜欢报恩，而是在追求一种平衡，即谁也别欠谁的。无论是仇恨也好、恩情也好，都要保持平衡，一旦失衡，心理就过不去，有仇的急着要报仇，有恩的也急着要报恩。并且，在进行平衡时，不是绝对平衡，而是要有意识地超出一点，例如还别人人情时，总想着要多还一点，而在报仇时，也要下手更重一点，当年你砍我三刀，现在我还你五刀！

人们在大事上要求平衡，在小事上也照样如此。在逛店的时候，也许还没有看到中意的商品，但是在这个过程中，却一直在享受营业人员热情周到的服务，学习了解了许多有用的知识，或是提前享受到了许多增值服务，而自己没买点什么，心里的确有点过意不去。若是这时营业人员的态度仍然保持，或是提供了更多的增值服务，超过某个临界点时，顾客的心理就开始失衡了，会觉得有点对不起这个营业人员，于是决定在店里买个什么东西吧，也算作是对人家热情服务的一个认可和回馈。当然，这个东西是可买可不买的，或是自己暂时用不到拿来送别人的，等等，总之，匆匆地给自己一个选购商品的理由，然后采购。

那么，作为营业人员来说，这里就有个机会点了，那就是完全可以利用人们的这种平衡心理，前期先进行主动付出，在顾客自我心理失衡，尤其是超越临界点之后，会产生补偿型的采购行为，在这个基础上，再进行针对性的产品推销。那么，作为营业人员，主动付出包括哪些内容呢？

一、始终处于自我控制之下的表情

要保持良好的面部表情，始终保持热情洋溢，切忌因为失控而出现冷漠或是不耐烦的表情。除了保持自我提醒外，还可在店里多处设置镜子，随时对照检查调整。

二、言语之间

先要保持较慢的说话语速，再有就是保持亲切友好且分寸合理的语言内容，当然，逮着机会别忘了多夸夸顾客，诸如身体、气质、容貌、眼光、懂行等。

三、别吝啬自己的专业知识

从产品专业度的角度来说，天天与产品打交道的营业人员肯定比顾客专业多了，掌握的各种产品知识、各种使用技巧肯定不少，那就别吝啬了，主动一点，在顾客有需求的前提下，尽量多地释放给顾客，让顾客打心眼里觉得你就是专家、就是老师，今天在你身上学到了好多东西，这一趟进店真是很值。

四、增值服务先行

在传统的营业观点里，提供给顾客的增值服务是与商品采购同步的，或是售后才有的，这种观念得要调整下，要把给顾客的增值服务进行前置，就是在顾客还没有确定采购之前，就先让顾客享受到增值服务。

比如一些低值的小赠品、免费提供的包装袋、免费的工具借用、免费的手机充电、免费的欢迎饮品、免费的纸巾湿巾提供、免费的洗手间借用、免费的眼镜清洗、免费的鞋子擦洗、给孩子拿的零食等，主动提供，顾客接受得越多，心理越容易失衡，就越发容易产生补偿型购买的行为。

总而言之，人们心里有这种追求平衡的思想特征，完全可以加以运用。作为营业人员，在面对顾客的时候，要主动一些，态度和言语要主动付出，知识方法多提供，小型增值服务主动给予，持续超出顾客对营业人员的心理预期。其实，每一种主动，都是在不断地给顾客加码，加到一定程度后，顾客心理便开始失衡，开始产生愧疚心理，接下来的采购就顺理成章了。

第16讲　顾客花钱买高兴

在店老板和营业人员看来，开店就是为了卖出东西赚钱，顾客进店，也必然是因为有各种采购需求。于是，在顾客进店后，店老板和营业人员又是询问需求、又是介绍产品，忙得不亦乐乎。

可是，顾客进店，一定是打算来买东西的吗？

顾客即便花钱买了东西，就真的是看重商品的本身价值吗？或者说，这商品真的是顾客所需要的东西吗？也许他会在半道就把商品扔了，也许将其带回家就放在一个角落了，也许随手就送人了。

另外，现在商品极其丰富，电商发展也越来越快，连大米和卷纸都可以在网店订购，然后坐等送货上门，可还是有人喜欢亲自逛街买东西，难道网上买不到，非要到实体店买？或是根本就不知道什么叫网络和电商？

换个角度来看，顾客进店，有些时候根本就不是为了明确要买个什么东西，而是买感觉。买什么感觉呢？

1. 买一种被尊重、被服务的感觉。
2. 买一种放松自己随性发挥的感觉。
3. 买一种可以由自己主导，顺畅而轻松的人际沟通。
4. 买一种压力被释放、被缓解的感觉。

为什么会这样？

当物质生活开始丰富起来之后，人的注意力自然更多地开始转向精神生活。当前，广大人民群众的物质生活质量普遍上升，而精神生活质量却在普遍下降，为什么会这样？这涉及社会学和心理学的范畴，简单一点来说就是，大家普遍感觉压力越来越大、越来越容易烦躁，自己的神经总是绷得很紧，工作场合的人际关系乃至自己家庭内部的人际关系似乎也是越来越紧张。诸如面对着自己不喜欢的工作，无奈地看着时光在流逝，被老板责骂、被同事排挤、被客户骗、被无良的同事戏弄、被父母逼婚、被笨老婆/傻老公气得要吐血……

　　人是会自我平衡的，在持续被动增加压力的同时，一定也会主动设法释放压力；在被别人欺负之后，一定也会找机会欺负其他人；在单位或是家里当够了孙子之后，一定要找机会当当大爷；在天天伺候别人之余，也想找人伺候一下自己。哪怕就是短暂性地让自己放松一会、舒服一会。当然，想缓解压力，想放松，办法还是很多的，可以找专业陪聊的或是专业挨打的，可是费用太高，男的找兄弟聊聊费酒钱，女的找闺蜜聊聊又有抢老公的危险，虽然找个心理医生谈一谈更到位，但万一被别人看到从精神病医院治疗室走出来……

　　逛街进店和营业人员聊聊是个简便且成本可控的办法，若是店家的东西顺眼合意的话就买点，关键在于，在逛店的整个过程中所享受的服务，包括热情接待、各类尊称（帅哥美女）、商品随意试用、及时的恭维、被店家高看一眼、大量接收高帽子及特调心灵鸡汤等。并且，没有人与你争论，更没有人反驳你，你的一切要求都是合理的，营业人员完全会顺着你，并且你的要求会被想方设法地得到满足，完全可以随意交谈，发布各种不过分的指令，让店里的营业人员跑东跑西，此时你会忘掉自己的实际身份、现实中的压力和烦恼。

　　再想一想，已经很久没有人关心自己、赞美自己了，今天出来逛逛街，虽然也知道这店里的营业人员的热情态度和顺耳恭维是商业行为，但至少看起来和听起来很舒服，花点钱又怎么样，买一个高兴！

　　客观来说，这逛街买东西，也是一种自我心理的治疗方式，所以，有些顾客出来逛街，买什么其实不重要，重要的是治疗过程……

　　那么，作为店里的营业人员，在接待顾客的思维模式方面能不能有些对应调整呢？有些顾客进店的目的并不是对某类商品有着明确的需求，也许只是随意进来转转，或者只是在毫无压力的前提下找人说说话，或者是想舒缓一下工作和生活中的压力，或者想自己的注意力临时被转移到一些轻松愉快的事情上，尤其是那些苦着脸且一头青包进来的顾客。这也许是进店顾客的另外一种需求，若是能被满足，也是能直接推动商品的销售的。那么，营业人员应该增加哪些方面的思维模式呢？

1. 我们不仅仅是一家商店，还是一个心灵驿站。

2. 顾客进店，先不把他定位成一个买东西的客人，而将其看作一个在精神上需要慰藉的人，给他足够的关心和慰藉。让这些顾客休息一下，让我们热情的态度、优良的环境、热茶、舒缓的音乐，使顾客放松身心。

3. 让顾客在店里停留的时间变成顾客的美好时光，使门店成为顾客的心情加油站。

4. 顾客在本店花钱买到的首先是良好的感觉，然后才是商品。

5. 不管顾客买不买东西，都要让每个进店的顾客享受到面对面的周到服务，享受到被尊敬，弥补顾客在生活中所欠缺的感受。

6. 相对于一般门店的冷清服务，咱们店的优势可就出来了，并且顾客对良好服务会有一定的成瘾性，这以后的长久生意就有保障了。

7. 我们不但是在做生意，也有一定的社会责任，抚慰了那么多顾客，相当于在做善事。

在这方面我们得学学相邻的岛国。在岛国的店里，不管买不买东西，营业人员都把你当大爷对待，这当大爷的感觉是完全免费获得的。不过，在我们这，完全免费的服务就别指望了，但如果服务得好，自个心里舒坦，多少还是愿意花点钱的，不然的话也有点小愧疚不是？

第二篇
对顾客特性的研究

第17讲 顾客没说出来的话

每个成功人士之所以成功，总有些没法说出口的真实原因。表面上说出来的，往往都是党的政策好、市场机遇、自己勤奋、贵人相助等，冠冕堂皇而已，真正的原因只有自己心里知道，不能公开说的。

同样的道理，顾客进店之后，也不可能都会买东西，而那些没买东西的顾客之所以没买，肯定是有原因的。不过，要是营业人员有所追问，或是顾客比较客气的话，大多会给出一个不买的理由，当然，这都是能公开说出来的理由，例如：

1. 价格贵啦。
2. 赠品太少。
3. 今天没带钱。
4. 型号规格不符合。
5. 我再去其他家看看。
6. 回家等老婆大人的批准。
7. 今天没时间，下次再说。

作为营业人员，自然每天要听到不少这样的话，有相当一部分的营业人员认为，顾客嘴巴说出来的原因，自然就是顾客没有购买的原因，并且，把这些话转达给老板，也许还会进行一些渲染和加工，这也算是对自己工作状况的一种辩解和理由支撑。

老板听到这些话自然也不高兴，一方面，感叹现在生意不好做；另一方面，没准就把气撒在上游厂家身上了：看看你们开发的破产品，一点竞争力都没有……

面对顾客所说出来的这些不买的理由，我们先来想两个简单的问题：

1. 顾客说出来的这些不买的理由都是真的吗？
2. 顾客心里还有哪些没有说出来的话？

之所以说这个,是因为中国人说话有两大特点:一是有话不直说,二是一般不说真话。若是真信了这些话,这生意自然不好做,退一步说,普通的营业人员信了这些话也就罢了,若是连店老板也信了,那这生意真是没法做了。

首先,站在顾客的角度来说,为什么不买,肯定是有原因的,例如营业人员并没有搞清楚自己的实际需求,或是顾客还是没搞明白这个产品的主要特点有什么,或是这个产品看起来与其他店里的类似产品差异不明显……还有些原因是没法说的,例如这个营业人员长得太丑、态度太差、有口气、牙齿上有韭菜叶子,或是给人的整体感觉很不好,像个骗子……例如这家店看起来不那么地道,估计很快就要关门跑路了……例如店里有股异味,似乎是垃圾筒里馊掉的早餐和腋臭的混合味……当然了,顾客若不是黑带九段并带上十几个小弟的话,这些话是打死也不能说出口的。那只能给些冠冕堂皇的理由,给自己一个脱身的理由,也给营业人员一个台阶下。

从营业人员的角度来说,面对顾客所说的话千万不能照单全收!并且信以为真!!一旦遇到顾客说出一些冠冕堂皇的不买的理由,首先应该想到的是,这些都是推脱之词!顾客对我这个人、我的态度、我的专业、我的表达方式、我的表情、店里的整体氛围感觉有意见!不满!!那马上进行全面的分析查找,找出原因!

然后,继续分析,顾客心里还有哪些话是没说出来的?每个人都有一定的伪装性,经过专业训练的营业人员,可以通过对顾客前后所说的话进行内容对比,看是否前后矛盾,或通过观察顾客脸上的微表情及肢体的细微变化来判明顾客所说话的真假,初步估算是否还有挽回的余地。

接下来对顾客说的话就要有所针对了,不是针对顾客嘴巴里说出来的理由,而是针对顾客心里没说出来的那些话。

站在老板的管理角度来说,进店顾客不买东西的理由往往被营业人员直接转变成业务不好做的理由,所以,老板要有正确的面对态度和基本思路:

第一,自己不能照单全收,更不能以此承认营业人员的工作辛苦。

第二,要主动询问营业人员,这些理由是顾客告诉你的,还是你自己猜测分析出来的。

第三，向营业人员说明，顾客说的这些话可能都是推脱之词，不要信以为真。

第四，即便都是真的，这也是店里请营业人员进来的根本目的所在：就是来化解这些问题的。若是营业人员只会把这些问题转交给老板，那么，营业人员的价值又在哪里？

第五，作为一个训练有素的营业人员，除了听到顾客这些说出口的不买的理由外，还得分析顾客心里那些没说出来的话，并采取针对性的销售措施。

总而言之，普通营业人员只能听见顾客嘴巴里说出来的话，而高手则能猜出顾客心里那些没说出来的话。

第18讲　顾客怕什么

中国人最怕什么？

死？

不是！

吃的食物、呼吸的空气、喝的地下水，哪样干净？

明知道酒后开车会撞车，开！明知道翻阅马路隔离栏杆会被车撞飞，翻！

我们面对死亡，也就是微微一笑！

怕什么？！我和一般人不一样，不会那么容易死掉的！再说了，不是说还有来生吗？

那么，作为顾客，在买东西时最怕什么呢？死是不会的，出门买个东西不至于有生命危险。

怕上当受骗？怕买贵了？

现在顾客心里都明白，别指望斗得过卖货的，老话怎么说来着，从南京到北京，买的没有卖的精。只要是出门买东西，就是吃亏上当。

那么，中国人怕什么呢？

其实，我们最关注的不是物质生活质量，而是精神生活质量，更进一步来说，我们最关心的是自己的面子！我们最怕的，不是自己过苦日子，而是自己没面子！

面子是相对于别人而存在的，我们最怕的，就是在别人面前没面子。为了防止丢面子，我们几乎在所不惜，不怕花钱、不怕违法、不怕自己吃苦，万一丢了面子，也将不惜违法，甚至伤人！若还是无法解决，甚至可以付出生命的代价！每年几十万人自杀，很多人往往是为了这个所谓的面子问题。

那么，顾客在买东西的时候，最怕的是什么呢？

不怕贵，不怕买错，不怕被店里坑，就怕没面子！

顾客一旦在店里丢了面子，或者只是感觉上认为自己丢了面子，心里必然极其不爽，轻则降低采购计划，或是直接掉头离店，重则与店里营业人员恶吵一番，或者干脆大打出手！

那么，什么是买东西的时候没面子呢？

1. 进店的时候，没人搭理，顾客一个人孤单单地站在店门口，甚至叫人没人答应。

2. 被营业人员看不起，认为顾客是个没身份没钱的人，或者认为我们店里的东西都挺贵的，言下之意："看你这个样子，也是买不起的……"或是"我们店里不想做你的生意"。

3. 营业人员的表情难看，脸上浮现出冷笑，再翻个白眼什么的，让顾客感觉到被羞辱、被轻视、被鄙视。

4. 营业人员的言语上直接对顾客产生攻击性。

5. 在产品方面，被营业人员抢白：这个你不懂……

6. 顾客在选购物品的时候，两三个营业人员躲在远处，一边看着顾客，一边嘀嘀咕咕地在说些什么，明显就不是在说顾客的好话。

7. 顾客提出某个要求，或是咨询某个问题时，对方不搭理，或是直接否定。

尤其是顾客被营业人员看不起，被营业人员认为是个没钱的人的情况最为常见。这类顾客往往曾经穷过，以前进店买东西的时候被营业人员鄙视过，有心理阴影，即便现在有钱了，这个心结仍然没丢掉，每次进店的时候，在心理上仍然会有这方面的担心。所以，这类顾客进店时，往往会进行一些刻意的身份显示动作，例如把自己身上值钱的东西故意显露出来，如名牌手表、名牌包、钻戒、名牌太阳镜、名牌大衣、车钥匙等。再有就是一些能显示自己购买行为或是实力的动作，例如手拎着一堆购物纸袋，或是说明自己有本店或是某名店的 VIP 卡，或是抱怨店门口停车不方便，或是强调自己的某类高端消费习惯，等等。这些行为就是一种"亮价"行为，即主动亮出自己的身价。

顾客出于对自己的保护，不想让自己受到营业人员的伤害，更不想在店里丢面子，在刚进店的时候会较为敏感，要么主动进行"亮价"行为，进行预防，要么在感觉到营业人员有意无意地鄙视自己，或者预感到自己有可能会在这家店里丢面子时，迅速走人，并且再不进店！

作为营业人员，在发现进店顾客有明显的"亮价"行为后，应该立即想到，这个顾客很有可能在心灵上有过伤害，需要承认顾客的身价、需要承认顾客的购买能力、需要承认顾客的购买品位，甚至还需要对顾客进行一些心灵上的慰藉。在迎接方面，要迅速上前迎接，在顾客刻意提及自己的某类高端物品时，应及时肯定，并进行连带夸赞，诸如：

1. 这个牌子不是一般人用得起的。
2. 这个牌子一般人都不知道。
3. 一看这个，就知道您是个讲究人。
4. 您是××店的高端顾客呀，能赏光到我们店里来，真是蓬荜生辉……

这几大碗心灵鸡汤灌下来，顾客心里想必舒服多了，也为接下来的沟通工作打好了基础：顾客心里可以放心，自己在这家店里应该不会受到伤害或是出现丢面子的事情了。

再有，就是在行为上、态度上、面部表情上、语言话术上，确保不会对顾客造成心灵感觉上的伤害，确保不会让顾客丢面子。

第19讲　顾客为什么回头

对于零售门店来说，老顾客的重要性自然不言而喻。只有老顾客的比例达到一定程度，店里的生意才算稳定了下来。

可是，怎样才能让顾客回头，变成老顾客呢？

看起来也不复杂，无非就是产品好、价格优惠、门店品牌大、服务态度好、对顾客要进行主动跟踪，甚至再给点采购回扣什么的。总之，肯定要搞点特别的花样出来。

以上这几点都没有错。只不过，你能做到，别人也能做到，一旦做法同质化，结果必然也会同质化。刚搞点差异化出来，很快又被其他门店的同质化手段给淹没了。

作为店老板，先得在思想上领先一步，若是思想和别人一样，那么这做法肯定也就一样了。那么，还能有什么办法让顾客回头呢？

一、脱离产品和价格这个思维框架

有些人固执地认为，开店就是卖东西，顾客进店就是冲着货和价来的。所以，思维只是停留在产品和价格上面。其实，在供大于求且信息高度发达的今天，几乎已经没有什么独门的货物了，价格方面也越来越透明，差不到哪里去。

所以，别在产品和价格上花费太多心思了，再怎么折腾，也折腾不出花来。而是要跳出产品和价格的思维框架，先解决卖人的问题。所谓卖人，就是把自己卖给顾客，在顾客进店之后，对店里的销售人员（含老板、老板娘、店长、营业人员等）建立个人层面的好感，并且在做事风格、专业程度等方面建立持续的正面积累。人都没卖出去，还卖什么货！

前面说了，在现在这个市场背景下，产品和价格的差异化很难建立。那么，就得建立"人"的差异化。总结起来就是一句话："先卖人，再卖货。"

二、升级服务

顾客买东西在没有选择权的时候,是不会奢望服务态度的。所以,火葬场的服务态度虽然一直都不好,但生意依然很好。但是,当顾客一旦有选择权之后,便会开始要求越来越高的服务态度,传统的进门问候、笑脸相迎、主动奉茶已经是标配了,大家都会这么做,顾客不会感觉这就是服务好,所以服务要升级。例如:

1. 进门问候要升级为根据顾客进店时的状态,迅速判断顾客当前的心情,然后采取对应的欢迎模式。若是顾客心情不好就说得简洁些,若是顾客心情好就捧顾客几句,如果顾客刚从医院出来就侧重抚慰。

2. 不但顾客进门时要笑脸相迎,而且要做到全程笑脸相迎。

3. 给顾客的奉茶要提供多样的选择,并对重点的老顾客提供专用杯具服务。

4. 常规的赠品只能给一般顾客,重要顾客要专门采购赠品。

三、从产品需求升级到精神需求

产品的需求很容易满足,且其他门店也能满足,接下来,要升级到对顾客精神需求的满足。所谓精神需求,就是顾客在精神层面需要有面子,有被认可、被尊敬、被承认其独特性的需求,甚至还得满足顾客的虚荣心。

从精神层面来说,店家和顾客之间的关系就不能定位为买卖关系,而是朋友关系了。

四、创新升级

人人都是喜新厌旧的,想要顾客回头,店里就不能只用老一套,要有持续的新意。包括:

1. 新产品的持续推出。
2. 新赠品的推出。
3. 店面装修的翻新。
4. 店面内部陈列格局的变动。

5. 增值服务的创新。

6. 售后服务的创新。

持续有点新意,顾客才会有下次再来看看的念头。

总而言之,顾客是不会主动回头的,毕竟现在的选择面太广了,门店要不断地制造差异点,持续拉大与竞争对手的距离,持续积累与顾客的关系,在这些综合作用下,才能使顾客一次次回头。

第20讲　顾客为什么有那么多疑问

问都不问直接拿了就走，这样豪爽的顾客很少，绝大多数顾客进店之后总要问东问西，叽叽歪歪的没完没了。想必店员心里也是不堪其烦，但是没办法，生意要做，就得把顾客当大爷伺候着，既然人家要问，咱就要答。

究竟有些什么样的问题？每个问题究竟应该怎么回答？不同顾客的回答方式有什么差异？各个问题之间怎么衔接？这要是都写出来，就是一本顾客接待的万问万答手册了，工作量太大，这里就不细说了。

不过，不管顾客会提出来什么样的问题，作为销售人员，首先得搞明白一个问题，就是顾客为什么会产生这么多问题？得把源头搞清楚，为后续的具体答案设计明确一个基本方向。

一、习惯性询问

即顾客下意识地询问，没有什么特定的出发点，也不在意你的答案，甚至顾客有时候连自己问了什么都不知道……

店员在回答顾客介绍产品时，大多数的话顾客也没怎么听进去，没准3分钟后还会再问你一遍。其实，这类顾客只需要有人回应他就行了，存在这种回应的行为，或者说有这种回应态度就行了，答案内容什么的并不重要。

二、纯粹的询问

是真的不知道，对产品或是这个品牌不了解，想通过询问店员获知答案，态度较为真诚，神情坦然，希望店员能给自己详尽的信息。

三、掩饰自己的不安

这类顾客进店有点小心虚，也许是店面太过富丽堂皇，顾客有些小自卑；也许顾客进店是闲逛消磨时间，压根不是买东西的；也许是竞品的人来做市场调查的。总而言之，是为了掩饰自己的不安，属于没话找话，所问的问题往往没有逻辑性和层次，想到哪里问到哪里。

四、故意的询问

顾客自己很清楚答案，也许本身就是专业人士，只是故意来询问店员，探测店员的专业水平。这类顾客往往很客气，说话语速也很慢，但问的问题专业性很强、很有深度，而且各个问题之间存在逻辑关系。

五、对比性询问

顾客其实已经在别的店获得了答案，想听听这家店的人是怎么说的，有没什么不一样的地方，尤其是有没出现矛盾的地方。这类顾客的问题不是很多，但是明显在说出问题时显得比较娴熟，而且会重复店员所回答的答案，并会对其中某个信息点进行再次确认，说明这个信息点与其他店里店员的答案可能有所不同；或是引导性地再次询问店员："还有其他方面的情况吗？"这就说明当前店员答案中的信息量较小，明显没有前一个店员的答案完整。

六、自我安慰性的询问

其实已经基本确定购买了，甚至也知道会有什么样的答案，但就是出于自我安慰而抛出问题，例如，在领到结婚证之后，太太问先生："你以后会对我好吧……"买面包的时候，顾客已经把面包拿在手里了，还问店员："这面包是新鲜的吧。"或是很笼统地问店员："这个产品质量没问题吧。"对于这类问题，顾客要的不是具体的内容资料，更多的是需要一种肯定的态度和语气。

顾客的各类疑问、询问、问题，表面上看挺心烦的。其实，换个角度来看，这是顾客接近你的一种办法，是顾客抛出来给店员的机会，也是店员自己在顾客心目中建立信任的机会。顾客之所以提出疑问，说明对产品有了初步的兴趣，想进一步了解，这些疑问就是决定购买的障碍，合理地解释这些疑问，就是消除了顾客在购买中的障碍。

同样的疑问，顾客很有可能同时问了多家店的营业人员，若是你能回答得最好，让顾客最为满意，顾客在你这里购买的可能性就最大。若是顾客什么都不问，店员反而缺少了与顾客进行深入沟通的切入点。

各类疑问、询问具体怎么回答，这里先不说，但至少有两个基本原则可以参考：

一、主动进一步探寻问题

当顾客提出问题后，先不急于回答，而是主动问顾客一句："除了这个问题外，您还有其他什么问题。"在回答顾客之前，尽量把顾客的各类问题倒干净。

二、询问、疑问为什么会产生

在与顾客确认疑问之后，反过来询问顾客："您为什么会有这样的疑问？"让对方先给你解释一下，了解问题背后的问题再来回答，肯定要轻松许多。

第21讲 那些过于甜腻的称呼

顾客进店，营业人员随即迎接上去，三句话不到，营业人员便自认为已经和顾客很熟络了，于是乎，大姐小妹美女帅哥之类的亲热又甜腻的称呼开始接二连三地放出来。在营业人员看来，这是拉近与顾客之间的关系，也是哄着顾客开心，谁不爱听好话呢？这是销售的基本话术，尤其在化妆品行业，这些甜腻的称呼来得更快，用得更多。

可是，顾客也都是这么想的吗？

非也，面对营业人员这些亲热的叫法，也许有些顾客会欣然接受，有些顾客则会产生反感或是一丝厌恶，甚至会产生对营业人员的排斥。对于营业人员来说，这就适得其反了。那么，有些顾客为什么不喜欢这些甜腻的称呼呢？

1. 按照传统的观念，这刚一接触就非常热情的人，往往是对你有所企图的。接下来肯定有事，或是肯定有坑！反正不是好人，躲远点，不给机会让坏人得逞！

2. 毕竟我们还不熟，一上来就这么亲热而甜腻地称呼人，会让顾客感觉不自在，一般来说，这类甜腻的称呼只适用于身边亲近的人。老公喊老婆"亲爱的"，老婆会感觉甜蜜；要是路边要饭的喊某位路过的女性行人"亲爱的"，估计能直接吓跑人家。

3. 地点有问题。这要是在菜市场这类普通世俗场合，随口喊一句也没什么，可要是在稍微高级点的场合，大家都要讲究身份、讲究仪表的，张口再喊这些就不太合适了。毕竟，在这些高级的地方得保持一点距离，拉这么一点架子，我是进店来看看商品的，与这些卖货的营业人员可不是一个档次的。可是，这一声甜腻的称呼，顾客瞬间就感觉到自己被营业人员拉低了身份，我一个高端大气上档次的人，能和你姐妹相称吗？我们俩不是一个层次的人！要保持足够的距离！！起开！谁和你是姐妹？！再说了，我的美丽、我的气质，是你一个小小的营业人员所能评判的吗？我难道需要你的认可吗？

4. 虽然顾客也知道营业人员这样甜腻地称呼自己别无恶意，但也不是人家由心而发的，这就是纯粹的商业行为，就是习惯性的，谁进店都会这么喊的。甚至还有营业人员在接待当前顾客时，正好有其他新顾客进店，营业员也会随口喊出这类甜腻的称呼，顾客一看，这哪里是什么美女啊，你也这么喊，这也太假了！嗯？不对，刚才这营业人员也这么喊我来着，这简直就是免费帽子大派送嘛。

5. 作为顾客自己，也经常在各类门店里听到各类营业人员所喊出的这些廉价的甜腻称呼，已经麻木了，没啥感觉了。也就是说，营业人员喊了也是白喊。

那么，在面对顾客时，帅哥美女大姐小妹这些甜腻的称呼一定不能喊吗？也不一定，得注意下相关的匹配因素、使用时机及使用方法。

1. 注意性别差，也就是营业人员和顾客之间的性别差。在称呼顾客帅哥美女的时候，最好是异性称呼，也就是顾客是女性，营业人员是男性，可以称呼顾客为美女；或是顾客是男性，营业人员是女性时，可以称呼顾客为帅哥。若是来自同性的称呼，则会让顾客感觉比较假，再加上又是同性别，所以这类称呼几乎不会让顾客动心。

2. 千万不能一开始就使用这些甜腻的称呼，使用的时机一定要控制在双方较为熟悉，或是顾客对产品、对门店、对营业人员已经建立初步认可度的基础上。

3. "您"是标准的称谓，"你"则显得有些随意。

4. 称呼"帅哥"之前，先使用"先生"，年纪大的可称"老先生"；称呼"美女"之前，先使用"小姐"，年纪大的可称"女士"或是"太太"。

5. 突出针对性。直接叫帅哥美女会让顾客感觉很泛泛，且只是职业化的习惯性行为，若是能有针对性，想必顾客的感觉会不一样。所谓针对性，就是先对顾客身上的某一个点进行夸赞，例如顾客的鼻子如何如何，眼睛如何如何，耳朵如何如何，头发如何如何，等等，这会让顾客感觉靠谱一点，说明这营业人员的确是认真观察了的，再说了，这也是事实嘛，顾客自然也就笑纳了。在此基础上，可再进行一些笼统的赞美，例如上升到顾客的皮肤如何如何，若是皮肤很糟糕，可以说气质很不错，如果气质也很糟糕，那只有说今天的气色很不错了……

6. 根据实际情况，还可使用对比性夸赞，也就是刻意将顾客外貌上的某个单点长处，与营业人员自己的对应单点进行对比，通过降低自己在这个单点上的劣势而突出顾客的优势。例如面对体态窈窕的顾客，营业人员可一脸羡慕的表情，说"您的身材真好"，然后稍微苦笑一下，"我这肥腰粗腿哟"。例如面对顾客高挺的鼻梁，营业人员在夸赞之余，再指着自己的蒜头鼻子摇摇头。

这类对比性的赞美，会让顾客觉得很真实，毕竟事实也是如此嘛，这时，一种优越感会油然而生，甚至对营业人员还会产生一丝怜悯之心："唉，比我是差多了，不过也挺不容易的，那在她这里买点东西吧……"

第22讲 顾客进店怕什么

销售工作其实就是玩心理学，研究消费者的所思所想、喜怒哀乐，甚至研究消费者在什么时候最脆弱、什么时候会失控、什么时候能被销售人员所引导。

顾客能进店，多少说明有购买的打算，或者具备被引导购买的前提条件，但是，顾客到最后却没买，也许是产品或营业人员没有打动顾客，也许是顾客在担心什么。

那么，顾客担心什么呢？

一、担心买贵了吗

表面上看起来，这是顾客最容易担心的地方，怕被宰嘛。其实，在当前市场环境下，信息高度透明化，随时拿出手机淘宝或是百度一下，价格信息一目了然，相信顾客的这点智商还是有的。再说了，真要是对价格非常敏感的顾客，估计就直接在网上买了，最多只是到店里看看货。换句话说，现在顾客进店，大多数已经提前做过功课了，对价格区间心里也有谱。一般来说，实体店价格如果比网店稍微高一点也能接受，高多了可就不行了。

二、担心买错了吗

没事，现在门店的退换货政策越来越宽松，甚至推出了无理由退换货，这个不用担心。

三、担心买到假冒伪劣商品吗

以前也许有这样的担心，可现在大可不必担心这个，现在顾客在店里买到假冒伪劣商品就发财了，可别忘了，按照新的《消费者权益保护法》，假一赔十啊。就连汽车这样的大件商品，也有一赔三的索赔额度。现在消费者的维权意识越来越强，不但不怕买到假冒伪劣商品，没准心底里还希望买到呢。

以上三个都不是？那么，现在的顾客进店买东西最怕什么呢？

怕没面子！什么是没面子？就是被老板看不起！

为什么？

中国人最看重的就是面子！面子比钱重要、比健康重要、比法律重要，甚至比命重要！在每年自杀的群体中，有相当一部分人是因为面子问题而自杀的。找份好工作、买好车、买奢侈品、发微信、红白事大操大办、结识名人等，这一切的背后都是面子在驱使。

看重面子，其实是没有自信的表现。为什么没自信？很简单，穷怕了。往上数三代，大家都是农民，收入和地位都不咋地，即便今天的许多富豪，在若干年前过的也是穷日子。在过穷日子的时候，买东西最怕店家看不起，最听不得"这么贵的东西你买不起""这不是你来的地方""穷光蛋"之类的话，并且，穷日子的经历以及受过的相关奚落刺激，会在人的心里造成一定的创伤，这种创伤是很难消除的，甚至会伴随终生，这也就是常说的自卑感。

即便现在过上富裕的生活，甚至当上大老板了，有钱了，但心里的阴影一直还在，在进店购物的时候，内心深处还是习惯性的有些自卑，担心店家看不起自己。所以，对门店销售人员的表情、语言，乃至动作都非常敏感，稍有不妥，顾客就认为这是看不起自己，又想起自己过去的心理创伤，逛街购物的好心情瞬间消失得无影无踪，快快地离店而去。所以，门店销售人员首先要做的就是不得罪顾客，如果得罪顾客，就是直接让顾客感觉没面子，被店家看不起，心情马上变差，接下来还怎么做生意！

第23讲　回头客为什么照顾生意

开店做生意，当然希望回头客越多越好，当回头客的比例达到一定程度时，这店里的生意才算真正稳定了下来。

当然了，人的任何行为的背后都是有一定的理由支撑的，顾客不买是有原因的，一次次回头再来买肯定也是有原因的，若是把这里面的原因和规律都提炼出来，将为今后更多的回头客开发指引方向。

那么，老顾客为什么一次次回头呢？有些老板往往是这么认为的：

一、货品保障

确保商品品质，不卖假货，顾客能放心买。

二、价格优惠

对老顾客的价格肯定优惠，不会高于其他门店，甚至与网店差不多。

三、服务态度好

笑脸相迎，尤其对老顾客热情有加。

四、有足够的利益关系

有些老顾客是企业团购的采购经办者，店老板心里有数，肯定有对应的利益关联，不会让人家吃亏的。

有些老板认为，具备以上这几点就足够了，应该可以确保老顾客回头了。其实，上述几点只是基本因素，是开店应该具备的，属于标配的性质，另外，以上这几点，你店里能做出来，别人的店也可以。

那么，老顾客为什么回头呢？

很简单，老顾客之所以回头，是因为把店老板或是某个销售人员当成朋友看，而不是将其当成一个卖货的。

什么是朋友？双方成为朋友，要具备这些因素：

一、信任

互相之间信任，顾客到店里买东西付钱时，店老板不会当面进行验钞，顾客也不会当面查验商品的真伪，甚至，顾客没带钱，店老板也会让顾客把货带走，钱嘛，下次再带来就好了。这种信任给顾客带来的愉悦感，可不是价格上打个折所能带来的。

二、面子

中国人把面子看得太重了，比钱还重，认为在钱的问题上能吃亏，可面子上的事一点也不能吃亏。老顾客每次进店，店里的老板或是营业人员都能给足老顾客面子，高度尊敬老顾客。并且，相对普通顾客而言，在接待细节上对老顾客肯定讲究很多，让老顾客每次进店时都能感觉到自己高人一等。

三、人情

双方的往来中有人情味，能很好地照顾到对方的情绪，老顾客有些时候还能专门到店里来坐一坐、聊聊天，有些较为隐秘的话也能说，甚至，在老顾客家里有红白事的时候，店老板还能送人情红包过去。

四、能满足对方的虚荣心

人人都有虚荣心，虚荣心的表现形式就是炫耀、显摆，尤其是有点什么得意的事情，不炫耀出来那还不憋死了，不过，这个炫耀，得分对象分场合，总不能到处都炫耀吧。尤其是有点小身份的，或是怕被别人伤害的，只能找一些特定地方来炫耀一下。不管买不买东西，到店里来逛一下，在店老板面前炫耀一下，店老板聪明的话赶紧捧几句，老顾客的虚荣心得到极大的满足，当然开心了，当然下次还来了。

总而言之，在具备了以上这几点的时候，顾客与店家的关系就已经不是普通的买卖关系了，而是私人朋友关系了。商店到处都有，网店更多，顾客对商品的选择面越来越大，换句话说，顾客根本就不缺商品，但朋友不是到处都有，不是每个结识的人都能成为朋友。所以，随处都能买到的商品顾客不会特别珍惜，但是，聊得来的朋友却是要关注的，因此，顾客肯定是要来照顾生意的，哪怕价格稍微贵一点，哪怕路走得远一点。

第24讲 把顾客当上帝究竟是什么意思

把顾客当上帝,这句话是从西方传入的,已经说了几十年了,甚至被某些门店纳入营业指导思想当中,但是,你真的明白这句话是什么意思吗?

有些人想当然地认为,把顾客当上帝嘛,就是把进店的顾客当成上帝一样接待,要毕恭毕敬、要无微不至、要及时响应、要主动热情……其实,这也就是喊喊口号而已,有谁真能做到?能坚持做下去?对所有的顾客做到这个程度?不可能的,不就开店做点生意嘛,谁愿意天天当孙子?再说了,依照大多数门店老板的暴脾气,把顾客当上帝?没门!让顾客上当还差不多。

其实,把顾客当上帝,很多老板根本就没搞明白这句话的意思,不是我们把顾客当上帝,而是顾客自己把自己当上帝!因为这话是从西方传过来的,人家那边是上帝,到咱们这就是皇帝,也就是说,中国顾客进店的时候,他是把自己当皇帝看待的。

为什么说是皇帝呢?先来看看顾客的几大心态特点:

一、要面子

甚至可以说是死要面子,处处都要人前显贵,自己的面子一点都不能受损。

二、不服人

认为自己不是一般人,受不得别人的约束和指挥,谁都不在自己的眼里,天天喜欢比人,处处都想办法高人一等。

三、不认错

出问题都是别人的错，自己肯定是没有错的，不会在自己身上找原因，更不会认错。

四、认为自己无所不知

没有什么是自己不知道的，并且还好为人师，喜欢指点别人。

再来看看皇帝有什么特点：

1. 皇帝极其要面子，讲排场，吃顿饭都能上几百个菜。

2. 在皇帝眼里，所有人都是臣民甚至是奴才，谁都不在皇帝的眼里，唯我独尊，老子天下第一！

3. 皇帝说话是金口玉言，不会有错更不会认错，即使出了错，肯定也是底下的奴才们出了错。

4. 有谁敢挑战皇帝的无知？还有皇帝自称是万世之师。

对比一下看看，顾客的心态是不是与皇帝的心态很接近？难怪各位老板总是说生意难做，想想看，这每天都要接待几十位甚至上百位的皇帝，的确不好伺候，的确挺难的。

总而言之，顾客的心态其实就是皇帝的心态。

为什么会这样？这要从我国的历史和文化特性开始说起。从"内圣外王"的人生价值取向，到君臣王土的控制导向，再到几千年打倒皇帝做皇帝的政治斗争，说句简单的，在中国人看来，人这一辈子最有意思的事情莫过于当皇帝了，或者是当人上人！据说，70%的中国男性曾经很认真地想过一件事儿："如果我当了皇帝……"

很多人都想当皇帝，或者说都把自己当成皇帝，这皇帝谁服谁啊，你怎么管？你给皇帝制订一个绩效考核方案试试？

当然了，真正的皇帝很难当得上，但是，还不能让我想一想吗？所以，每个顾客都有一个皇帝梦。当现实的社会生存压力越大的时候，当无法自由地伸展自己抱负的时候，或者越是憋屈的时候，往往越是会做这个皇帝梦，当老子哪天当了皇帝，必定要……这也是有些人当官或是发财之后马上就要

第二篇 对顾客特性的研究

摆谱，而且摆得很自然，摆得理直气壮的原因。憋屈了很久的皇帝梦，终于有机会释放出来了。

虽然当不上皇帝，但是，这个皇帝思想导致的一些行为肯定是要找机会释放出来的，在单位、在家里、在朋友圈里也许不方便释放，但出来买个东西，在店家面前自然要显摆一下，短暂地感受一下主动权在自己手里、指东指西、颐指气使，以及那种被服务、被尊敬的感觉。

所以，顾客在买东西时的各种摆谱、各种不服，就是店家没有对接好顾客的皇帝心态，反而干了些傻事出来。例如：

1. 店家服务态度不佳，顾客感觉到自己被轻视：你居然敢懈怠皇帝！要作死啊！现在手上没有斩人的权利，但有不买的权利！

2. 店家强调其他顾客有多么厉害时，导致顾客认为自己被轻视，皇帝最听不得还有别的皇帝比他更厉害！最起码，我可不是一般人！

3. 指出顾客的错误。这还了得，我贵为天子，怎么可能有错，要错也是你们店家的错！你居然敢说我的选择方向是错的！！！

4. 我什么都知道，尔等居然敢说我这个不知道那个不知道！！

当然了，顾客进店抱有一种皇帝的心态也不是坏事，只是特性而已，研究清楚这些特性，完全可以制订有针对性的接待方案。最后说一点，奢侈品的成功其实不仅仅是产品的成功，更是对消费者心理学研究的成功，简单点来说，就是把顾客当成皇帝一样对待。诸如：

1. 为您准备全球最好的原料、最先进的科技、最好的师傅。相当于各地为皇帝进贡最好的东西。

2. 满足您的一切要求，有求必应，甚至是各种变态的要求。劳斯莱斯可以按照您的要求，把您家后院一棵树砍下来，安装到您的车里去。

3. 专卖店现场豪华装修，各种华贵，堪比龙宫。

4. 处处体现出您的不一样，最起码与一般人不一样，还体现出您的尊贵与独特，这也就是为什么奢侈品总是擅长玩个性化定制的原因。

5. 强调当前产品的使用群体都是各种大人物、各种贵人（含各国首脑政要），言下之意，您和他们差不多，当不了皇帝，还不能用一个其他皇帝用的包吗？

6. 肯定不会直接否定顾客提出的观点，即便有错，也会在照顾顾客面子的前提下，妥善地应对或是转移话题。

大家想想，顾客为奢侈品埋单真的是为了产品和品牌？恐怕这个购物感受要占据其中很大一部分吧，想当皇帝又当不了皇帝，花点钱，短暂地享受一下当皇帝的感觉也挺划算的。

第 25 讲　为什么总是去研究穷人

都说生意不好做，其实严格来说，是穷人的生意不好做。那么，为什么不做富人的生意呢？富人大家都欢迎啊，出手大方，购买力强，不会总是对价格叽叽歪歪的。但是，店家总是说这富人的生意也不好做啊，为什么呢？原因很简单，没有进行深入的研究，自然也就没有行之有效的接待方法。

虽说唱衰中国经济的人越来越多，越来越多的老板也在感叹生意不好做，但是，富人的群体数量却是一直在上升的，大街上的豪车越来越多，豪华别墅越卖越贵，出国豪华游的人也是越来越多。生意虽然不好做，但是，富人的生活品质还维持在一个较高的水准，该买的还得买，该消费的还得消费，再说了，生意下滑也好、股票赔钱也好，对富人的日常生活消费又会有多大影响呢？

但是，有些店老板看问题却过于简单，总觉得现在自己的生意不好做，那么别人的生意也不好做，并且，富人的收入一下降，肯定就会压缩开支，所以推断出富人的生意不好做了。

再有一种情况，就是店老板放着富人不管，非要一门心思研究穷人，研究穷人的各种消费特点，然后试图来迎合穷人。那么，穷人买东西有什么特点呢？

1. 穷人对品牌历史、品牌文化、内在品质、长期耐用性、增值服务，乃至售后服务往往没什么价值认可度。

2. 别的都不管，反正要便宜，越便宜越好，经常会在买东西时无底线、无节操地杀价，杀到的价格连工厂都做不出来。

3. 甚至还编造瞎话，说别的店多便宜多便宜，网上多便宜多便宜，或是说自己只带了这么点钱。

4. 热衷于比价格，甚至比较那些捕风捉影的价格和促销活动。

5. 只算眼前的采购成本，不管以后的实际使用成本。

6. 有些穷人甚至会忍耐自己的消费需求，非要等到做活动搞特价时再买。

7. 要赠品，没完没了地要赠品，越多越好。

8. 坚决认为肯定有又便宜又好的商品。

这样的顾客，店家怎么满足？顾客要的是便宜，没完没了的便宜，甚至会影响到门店正常利润的便宜，这是永远没法满足的，也是个死胡同，甚至有些顾客自身消费能力太差，即便服务得再好也没钱买。

再说了，持续关注穷人，只会让老板自己越来越气馁，思维上也容易被穷人所同化，之后往往会在经营行为上迎合穷人，比如降低服务水准、压缩成本、引进更便宜的商品、抗拒新产品、只卖利润微薄的老产品。越研究穷人，越发现生意没得做，甚至搞到最后，富人的生意没做上，穷人的生意也没做上，没准店老板还把自己整成穷人。

第26讲 顾客花钱的三个阶段

在买卖之间，就是钱货往来，这货在老板手里，可这钱，是在顾客手里，怎么让顾客把这钱用出来，是老板们要花心思的地方。当然，唯一的办法是研究顾客，把握顾客的消费特点，即研究顾客在什么情况下会把钱花出来。

很简单，在顾客自己有选择权的前提下，肯定是在顾客自我感觉良好的情况下才会把钱花出来，即在顾客自己愿意、开心、觉得值得，或是认为有必要的状态下。总而言之，花钱还是不花钱、花多少钱，主动权都在顾客手里。

顾客愿意花钱，一般是处于以下三种状态：

一、便宜

也就是价格导向，觉得便宜、划算，或者今天是仅有的特价促销日子，于是出手购买。这类顾客属于价格敏感型，只看重价格、其他方面考虑得不多，或者也不知晓，既没有对商品进行全面深入的了解，也没有对应的客观化对比标尺，反正感觉便宜就买。

早期这类顾客占比较大，毕竟以前穷日子过多了，手上没几个钱自然要省着花，现在即便经济上宽裕一些，但花钱的思维习惯还停留在穷人模式上，即只看价格、不看价值。

特价、促销、买赠、抽奖等价格导向的活动，主要针对的也就是这类顾客。

二、性价比

不是完全从价格角度评判商品，而是会综合多个方面的因素，诸如自己的实际需要、产品品质及耐用性、售后服务、增值服务、后期分摊下来的使用成本等综合方面。

这类顾客相对较为成熟和客观，看待商品价格较为客观，比较讲道理，具备一定的算账能力。不过，也具备一定的抗忽悠能力，店家若是运用低级的忽悠手段，反而会起反作用。从总体占比上来看，这类强调性价比的顾客占比正在逐年上升。

三、购物感受

看心情，看心情，主要是看心情。对商品本身也许不了解，甚至需要也不急迫，买也可以，不买也可以。例如在加油站面对那些推销汽油添加剂的销售人员，加也可以，不加也可以，高兴我就买，不高兴就拉倒。

这样的顾客主要由两大类构成：一种是富人群体，特别有钱，钱多钱少根本就不是个事；一种是虽然不是很有钱，但特别在意有没有面子，在意自己的感觉，甚至细微之处的感觉，尤其是刚从其他门店出来，感觉自己被其他门店所懈怠的顾客。

这类顾客要的是在购物过程中的感受，感觉愉悦了什么都好说。对店家来说，对于这类顾客就得给足面子，给他们足够的尊重和重视，热情服务，周到照顾，舍得投入，将一些服务工作进行前置，让顾客在没购买之前就享受到相关的服务。诸如新顾客直接就能享受到 VIP 老顾客才能有的服务。

以上是对顾客在花钱这个问题上的简单划分，可作为新进店员培训的基础知识，实现对进店顾客的初步划分、区别对待、有效沟通。

第 27 讲　顾客的包

门店销售就三句话：

1. 建立关系。
2. 发现需求。
3. 进行销售。

顾客进门了，先得建立关系。但是，毕竟是陌生人，营业人员对顾客不了解，顾客对营业人员也不存在信任度，这就需要营业人员主动找机会点，通过一件小事情，主动出击、主动沟通、主动建立关系，才能为发现需求和进行销售打好基础。

顾客走进店里，虽然没开口说话，但身上会带有很多的信息点，例如走路的速度、穿着打扮、带的东西、带的孩子等。这里提示一点，如何利用顾客的包作为机会点，来建立与顾客的关系。

一、先观察

1. 是否带包了。一般来说，女性顾客进店带包的可能性比较大。
2. 包的大小。人的情绪可以影响行为，女性在情绪不佳时所带的包往往较大，而心情愉悦时则会选择相对较小的包。所以，包的大小也能折射出当事人的大致心情。
3. 包的新旧。款式的新旧、磨损程度的新旧，大致可以看出顾客的消费特性。
4. 包的伴随品。与包一起的，若是还有大大小小的购物袋，那说明今天是这位顾客的购物日。
5. 包上的吊牌。如果还有，说明这个包是今天才买的，顾客已迫不及待地用上了。
6. 包的牌子。这个要有点技术含量，当然了，比较讲究的店已经开始给店员配发奢侈品识别手册了。

7. 包的真假。这个技术含量就更高了，不过，要是能基本掌握的话，对顾客的把握自然会更精准。

二、针对包的话术

对包进行观察之后，然后就针对这个包要说点什么了：

1. 提醒包上的拉链。这个最简单，直接说："您包上的拉链没拉好。"若顾客不方便自己拉上的话，营业人员可主动帮顾客拉好。

2. 提醒顾客背包的位置。在人流较多的地方，背包后背不安全，遇到这样的顾客可主动提醒一下，建议顾客把包放到胸前，确保安全。

3. 夸赞。若是顾客本身长得不错、衣服穿得也不错，可以说这个包和您的衣服配得真好，连包带人带衣服都夸了。若是顾客长得不好看，可以说这个包真不错，就别说人了……当然了，如果顾客拿的名牌包，营业人员能说出是经典款还是最新款时，想必效果会更好。

三、针对包的小·增值服务

包上的金属拉链也许会存在不顺畅的问题，看到顾客拉拉链不是很顺畅时，可主动提出店里有拉链专用润滑剂，帮顾客润滑一下拉链。

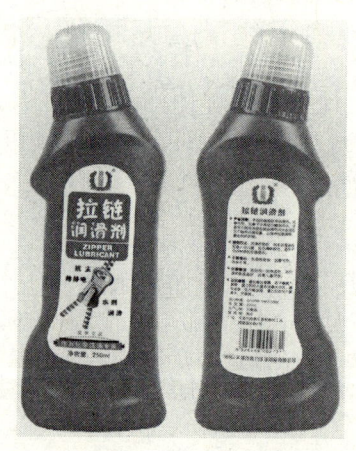

第二篇
对顾客特性的研究

　　若是看到顾客包上有明显的污渍（尤其是提手部位），则可以主动表示店里有包具专用的清洁护理剂，可帮助擦拭清洁一下。无论顾客愿意与否，这起码是个话题，可以主动与顾客进行沟通，争取建立关系。

第28讲 顾客为什么骂产品

在营业人员与顾客的沟通中，有种情况会让营业人员非常不爽，就是顾客一个劲地说你店里的产品不好，诸如价格贵、性能不好、功能太少、质量不稳定、售后很麻烦。有的甚至还会举出第三者人证出来：某某医生说，你们的化妆品有问题，有毁容风险；某某维修工说，你们的空调不行，返修率很高；某某专家教授说，你们的产品原料等级很次，品质很不稳定；等等。

说你的产品不好也就算了，还有些顾客把其他品牌（竞品）也拿出来对比，主动帮竞品做正面宣传，说人家××牌子质量如何如何，比你的产品领先多少多少之类。总而言之，就是人家的产品各种好，你的产品就是个渣。

在营业人员看来，不买也就算了，为什么说我店里的产品不好呢？当然了，顾客也不会无缘无故地攻击你的产品，肯定是有原因的。接下来，可从如下四个角度分析一下这个产品被攻击的问题：

一、这些攻击产品的素材是从哪里来的

真正具备专业水准的顾客很少，顾客说出来的一套套攻击内容，貌似都有道理，内容量也不小，其实很大程度都是现学现卖，是从竞品的店里学来的！竞品的营业人员刚刚给顾客洗了脑，顾客趁着这个热乎劲换家店就说出来了。

二、到别家门店会不会也攻击产品

放心，顾客在你的店里说你的产品不好，说其他品牌的产品好；等到了其他品牌的门店，又会说其他品牌的产品不好，你的产品又会被顾客夸得天花乱坠。顾客只是借助竞品的优势，敲打敲打店里的营业人员罢了。

三、嫌货的才是卖货的

顾客愿意花费自己宝贵的时间和口水，在营业人员面前说产品的各种不好，也不是完全闲着没事，而是先压压你，表现出自己的超然和选择权，打击一下营业人员的优越感，故意吊吊营业人员的胃口，为接下来的压价或是争取更大优惠进行铺垫。

四、营业人员在前期让顾客不爽了

这是最要命的一个原因，顾客之所以骂产品，是因为营业人员让顾客不爽了。诸如：

1. 直接否定顾客的采购计划。
2. 直接指出顾客是个外行。
3. 顾客进店的时候，没有及时地招呼和接待，使顾客感觉受到冷落。
4. 营业人员的表情、肢体语言让顾客感觉不舒服。
5. 营业人员介绍自己的产品时，话说得太大声，导致顾客反感。
6. 营业人员可能无意中对顾客使用了攻击语言。

总而言之，营业人员在前期接待顾客时，没有接待好或是无意中把顾客得罪了，顾客心里不高兴了。

人们的一句话、一个表情、一个动作，也许都会得罪对方。不过，在被得罪之后，也不会直接产生攻击行为，毕竟这三分面子还是要给人家留的。但是心里不舒服总得要释放出来，不然会憋死的。

营业人员在前期无意中得罪了顾客，顾客心里不高兴，虽然不会直接针对营业人员进行攻击，但这口气必须要放出来，既然不能骂人，那骂骂产品总是可以的吧。所以，营业人员在听到顾客开始攻击产品的各种不好时，千万别与顾客在产品层面抬杠，而是应迅速回忆一下，刚才的接待和服务流程是否有哪些不妥的地方，并马上脱离产品层面的介绍沟通，迅速转移到对顾客的需求了解上，同步增加服务类措施：倒水、请坐、递纸巾等，转移顾客的注意力，平息顾客心头的不爽，待顾客平缓之后，再针对产品与顾客进行沟通。

第29讲　实体店的奢侈品导向

有两个简单问题：
1. 店里在卖什么？
2. 把进店的顾客当成什么人来看待？

在许多店老板看来，这简直就不是问题嘛，店里卖的当然是货了，是家电、化妆品、服装、床品、奶粉、尿不湿……另外，这进店的顾客就是顾客嘛，是来买东西的顾客嘛。

其实，现在开店做生意，不能只站在店老板自己的角度来考虑问题了，毕竟供大于求，顾客的选择余地越来越大，应更多地站在顾客的角度。甚至，在有些方面还要超越顾客的所思所想。

关于这两个问题，建议店老板们换个思路：
1. 无论店里是卖什么商品的，都要将其当成奢侈品来卖。
2. 把进店的顾客，都当成皇上来看待。

结合起来，所谓的门店生意，就是把奢侈品卖给皇上，按照这个思路，重新考虑对顾客的接待和销售流程。

为什么要这样设定？因为，在传统的分析定位中，往往假定顾客存在一定的需求，并且具备一定的产品专业知识，于是，总是去研究顾客的需求在哪里，或是一个劲地给顾客讲解产品的各种卖点，强调各种性价比。还有一点，有些店老板总是习惯性地将顾客设定为穷人，坚持认为十个便宜八个爱，于是总把顾客向价格、打折、赠品、活动等方面去引导。

而现实情况又是怎么样呢？
1. 且不说富人越来越多，至少，敢花钱的人越来越多了。
2. 家里其实不缺什么，也没什么刚性需求，该有的东西都有了。
3. 出来逛逛街，不见得非要买什么，看到了、看上了，就买呗。

4. 可买可不买,主要看心情。
5. 消费,从有计划的理性采购行为,逐渐转向感性的心理舒缓行为。

以上这些,都符合奢侈品的消费特性。那么,奢侈品在销售过程中有哪些特点呢?

一、把顾客当皇上来看待

中国人嘛,骨子里谁都看不起谁,但凡有二两本事都立马膨胀起来,太把自己当回事了,甭管有钱没钱,一进店都是大爷,作为店家,干脆一步到位,别说大爷了,干脆都当皇上看得了。

皇上嘛,首先是没错的,所以不能否定皇上的任何采购需求;其次,在态度上要给足面子,无微不至地照顾好;最后,皇上是极其尊贵的,吃穿用,自然是要最好的。于是,店家为您找遍全世界,为您找最好的原料、最好的工艺、最好的师傅,只为皇上所享受的无上尊品。

二、研究顾客的心理需求,而不是产品的功能需求

产品本身的功能不需要太多介绍,说多了反而啰唆。重点是在顾客的心理感受上,要能照顾到顾客的心理需求。比如说要面子、想与众不同、想衬托出自己的高贵气质和独特魅力。奢侈品所满足的,更多的是心理需求,而不是功能需求。

三、现场环境

先想想皇上最适合待在什么地方。

必须是金碧辉煌啊,还得干净整洁,看起来要有皇家范儿、有国际范儿。看看那些奢侈品店的装修,即使进去的是货真价实的皇帝也不可能会觉得屈驾。

对于顾客来说,进入这么高级的场所,自己的气势先矮了三分,或是觉得自己要注意形象和言辞,哪里还敢畅快淋漓地杀价!

四、 超水平服务

皇上吃顿饭得要上百道菜，慈禧天后洗个澡要用掉几十条毛巾。皇上进店了，这接待服务指定得超水平的。夏天进店要有冰镇毛巾、雨天进店要有干毛巾、坐的沙发要真皮的、擦手的纸巾要是超柔的、店里的空气得经过净化并加湿、喝的水要是依云或圣培露，就是扔个垃圾，垃圾桶也得是不锈钢带自动感应的。别心疼这钱，羊毛最终出在羊身上，您舍不得这投入，还真打动不了皇上的心。

也许有人会说，这奢侈品店咱也进去过，感觉服务态度没那么好啊，有些店员也挺拽的，对顾客爱理不理的。其实，这得分两种情况：一种是店员的识别能力超强，一眼就看出了你的实际消费能力，也就没打算在你身上花心思了；还有一种就是玩策略了，故意拉开一点距离，摆点谱出来，稍微刺激一下顾客，看顾客是真有购买实力还是纯粹进来开开眼界的。

总而言之，随着顾客在购物时的选择权越来越大，顾客的脾气也越来越大，对门店的服务要求也越来越高，于是干脆超越顾客的所思所想，直接把顾客定位成皇上，把店里的商品定位成奢侈品，围绕着把奢侈品卖给皇上的思路来做运营，该调整的调整、该投入的投入。

同时，顾客一旦进店，尝到当皇上的滋味后，心里就会形成标尺，再到其他店里，马上就会感觉到落差，即便其他店的东西可能比较便宜，但没有这种被尊崇的感觉，毕竟，便宜虽然好，但心理上的满足感更重要。

第30讲　店里进来的那些不正常顾客

俗话说:"人上五十,千奇百怪。"这开店做生意,大门敞开,什么样的人都会进来。虽说来的都是客,可也不是每一个顾客都是好对付的,也不是每一个顾客都是正常人。作为营业人员,对各种非正常的顾客类别要有所了解,至少在心理上要有所准备,之后再来研究应对方案。

一般来说,零售门店所遇到的不正常顾客,主要有以下这些:

一、嫌商品太贵的顾客

这是最常见的,即便店里的价格已经跌到底线了,顾客还是张口就说贵了。这些顾客还会强调别家的价格如何、网上的价格如何等,甚至是道听途说的价格,反正就是要便宜、便宜、再便宜。

二、强调只带了这么多钱的顾客

顾客也不说还价,反正我就只带了这么多钱,能做就做,不做拉倒。

三、单字回答的顾客

营业人员从八个角度列举了产品的八大特点、五大优势,结果顾客听完之后,就回了一个字"哦"。

四、当导购强调品牌的知名度时

顾客反而说道:"知道这个牌子为什么卖得这么贵吗?就是广告打多了,广告费都加进去了!"

五、营业人员强调企业的生产历史

顾客不吃这一套,也不认为这就能代表产品品质,甚至还会认为老厂家思想落后,不如新厂家的创新能力。

六、顾客之间意见不统一

同时进来的几个顾客,购买意见却不统一,互相争论。营业人员觉得很尴尬,帮谁说都不对,搞不好还得罪人。

七、恶意退货的顾客

产品本身没什么问题,反正就是找各类歪理由来退货,不退就大吵大闹,声称要打官司。

八、多要赠品的顾客

本来店里的赠品是表达心意,但有些顾客却没完没了,非得多要,或是超级别地要赠品,甚至说不给就不买了。

九、与顾客一起来的人在捣乱

有些顾客会带朋友一起来购物,但是,顾客带来的朋友却成为搅局者,各种添乱、各种干扰,甚至直接把顾客拖走。

十、装内行的顾客

强调自己是非常懂行的,还会冒几句专业术语出来,自以为是,对营业人员介绍的一些产品数据和特点不以为然。

十一、脑子不清楚的顾客

也就是脑子不好的。刚进店也许还看不出来,后来才发现,沟通了半天白说了……

十二、摆谱的顾客

很厉害、什么都知道、什么都懂、什么人都认识、见过大世面,进店先自我吹擂一番,简直就是钦差大臣进了店。

十三、很客气的顾客

有些顾客则很客气，也很有礼貌，营业人员说什么顾客都说好，全程礼貌有加，反正就是不买。

十四、突然掉头走的顾客

有些顾客进店后，本来自己看得好好的，营业人员迎上去打个招呼，没想到顾客掉头就走。

十五、最后环节变卦的顾客

产品选好了，价格谈好了，就差交钱埋单了，可就在最后一个环节，顾客突然变卦了，说要回家再请示一下，或是说再到其他家看看再定。

十六、油盐不进的顾客

这类顾客进店之后什么话都不说，营业人员问也不说，若是问急了，顾客最多回一句"我先看看"。老虎吃天，无从下口。

当然了，进店的非正常顾客远不止这几类，还有更多奇葩的，没办法，毕竟开门做生意，我们对进店的顾客没有选择权，什么样的人都得放进来，只能是兵来将挡水来土掩，提前知晓，做到心里有数。

第三篇

现场环境的优化

第31讲　影响顾客进店的障碍因素

开店先看什么？

地段！地段！！地段！！！

地段是什么？地段就是客流！

从理论上来说，每个从店门口路过的人，都有可能成为进店的顾客，每个进店的顾客都存在成交的可能，每个成交的顾客都有回头的可能。所以，老板们之所以花大价钱，在客流高的地段租赁门面，就是看中了店门口的客流量。

老板当然希望路人都进店。可是，店门口却有些因素，一直在阻碍路人进店。这些障碍因素，老板也许没在意，也许没当回事。当然了，还有可能压根不知道这些障碍因素的存在。那么，究竟有哪些因素会阻碍路人进店呢？

一、地面有积水

店门口的地面上有积水，甚至还是污水，脑子正常的路人都会绕过去，并且还会加快走路的速度。这个时候，顾客的注意力全都放在如何绕过积水上，压根就不会留意这是家什么店。

二、上空有滴水

也许是楼上的空调滴水，也许是下水管道滴水，无论这个水有多干净，路人都不想有水滴在自己身上，于是照样会绕开并加快步伐。

三、空调外机吹风

空调的室外机冬天吹冷风，夏天吹热风，吹到谁身上都不好受。有些门店在安装空调时没有考虑到这个细节，空调室外机直接对着路面吹，路人被吹后，一是会加速走开，不会再停留或是进店了；二是会认为这家店没公德心，老板品德差。

四、清洁用品放门口

都知道顾客在场的时候店里不能打扫卫生，因为这就等于赶客人走。其实，把店里的各类清洁用品如扫帚和拖把之类堆放在门口，照样有驱赶客人的意思。毕竟，清洁用品是店里最脏的东西。同样，垃圾桶也不能放门口。

五、店内灯光暗淡

店里的灯光若是很暗淡，或是干脆不开灯（也许有的老板认为白天的光照足够了），路人经过时会认为这家店没生气没活力，生意萧条，也许要关门了……结果，老板是省了点电费，却赶走了一个又一个顾客。店里的灯光应该是温暖而明亮的，是表现出店里的活力所在的。

六、店内有异味飘出

店里可能会滋生异味、霉味、装修材料的味道、食物腐败的味道……当店里有明显的异味飘出店外，路人闻到之后会想到什么？感觉好吗？还会进来一探臭源吗？

这家店内的异味有个特点，就是店里的老板和员工自己闻不出来，嗅觉麻木了，所以得定期请外人到店里来，确认一下是否有异味。

七、店门口不要放椅子

无论是店里的椅子，还是街道设置的椅子，都不要放在店门口，原因很简单，你永远不知道什么样的人会坐在上面，疯子？傻子？赤脚大仙？抠脚丫子的？捉虱子的？

八、店门口不要放乐器

路人看到店门口放着乐器的时候会想到什么呢？吹拉弹唱？这店里是要办大事吗？红事？白事？总之是店里有事，还是别进来了。

九、店门口的植物

店门口摆点植物本来无可厚非,但是要确保植物的茁壮成长,切忌出现残败,不然的话路人的心里会想什么呢?这家店没有人气啊,养个植物都能养死……

十、手写告知

如果店老板的书法水平不是很高的话,就别用螃蟹字体写告示贴在门口了,书法水平直接折射出老板的水平,老板的水平又直接体现门店的档次。

十一、店门口墙壁上的小广告

诸如代办证件、迷幻药、猎枪、代客杀人之类有碍观瞻的小广告,要及时清理掉。这些喷涂张贴在店门口的小广告,若是店老板熟视无睹的话,说明这个老板对门店的经营并不用心,做事不认真,这家店的可信度也没有保证。

十二、破旧的地垫

街道上的路面也许没那么干净,有必要在店门口铺块地垫,覆盖店门口的路面,能让路人进店时顺便蹭蹭鞋底,减少对店内地面的污染。所以,铺块地垫很有必要,但是,千万别一块地垫连续铺几年,磨损严重、遍布污渍甚至比路面还要脏的地垫就别铺了,铺了反而会起反作用。地垫并不贵,几十元而已,最好的3M地垫也就100多元,为了确保铺设效果,最好半年换一块。

将以上这些因素清理出来,逐一解决,会得到不错的效果。开店做生意,先得让路人进店,要是路人连门都不进,那还做哪门子生意。

第 32 讲　小店里的大公司痕迹

大多数的顾客，对路边小店的初始印象并没有那么好。

感觉往往来自对现场的直观印象，毕竟是私人开的小店，装修简陋、管理粗放，甚至没有什么管理。店里店外看不到什么规范化的痕迹，货品摆放随意，卫生状况往往也不佳，各类杂物及私人用品和货物混放在一起，天花板上有蜘蛛网，四周的射灯坏了一半，店堂里因为舍不得开灯而显得很幽暗，脏兮兮的拖把扔在店门口，抹布扔在收银台上，门口的地砖有破损，店里的地面有大片污渍……

店里的环境如果是这个样，很容易让顾客把对现场的糟糕感觉附加到货品和价格上，估计这种店里的货品也不是正品，价格低的可能有质量问题，价格高了可能有水分。这老板本人的形象往往也不那么好看，穿着随意，脸上有个大瘊子，嘴角再叼根烟，这个样子的老板也别指望有什么良好的售后服务了。甚至，这家小店没准什么时候就关门了……

毕竟，作为普通消费者，只能看到表面的东西，买东西的时候感性大于理性，即便店里货真价实，老板忠厚老实。另外，顾客在买东西的时候，知道肯定是要被人家赚钱的。但是，他们宁可被一家大型、知名、管理规范的企业赚自己的钱，也不愿意被一个粗俗的小老板把自己的钱赚走了。

这个问题往大了说，得要进行门店的现场整改，老板与店员的个人形象也是门店形象的一部分，也得上纲上线。当然了，这样做的成本太高，不是所有的老板都能承受得起。不过，可以从一些小细节入手，花费较少的成本，迅速在细节点上做出改善。

细节点有很多，包括综合成本、执行便利性、顾客感受等几个方面，可先将细节点改善确定为这样一个方向：

让小店里出现大公司的痕迹。

也就是借鉴大型企业的一些现场管理工具，将其直接用在小店里，使店里在某些细节点上有着和大企业一样的管理细节,在方便店内管理的同时,还会让前来购物的顾客通过发现该店的细节规范,将这些细致、规范的管理动作与货物的品质产生正面关联,提升对门店的正面影响。尤其是一些来自大公司的顾客,在这么一家小店里,居然能发现大公司才会用到的一些管理工具,往往会感觉到亲切,或者说有呼应感。

那么,在小店里,在哪些细节方面可以出现大公司的管理痕迹呢?

一、固定资产标签

大型公司在对固定资产的管理中,普遍会将固定资产标签加贴在各类固定资产上。小型门店虽然没几件固定资产,但也可以使用这个固定资产标签,将桌子、板凳、电脑、电话都贴上标明设备名称、型号、采购时间等的基本信息。

固定资产管理　　Assets Management

名称	型号/备注
使用部门	管理人
配置日期	编　号

二、文件的分类文件夹和说明标签

店里多少有些书面文件,细分的话也能分出几个类别来,没必要都堆在一起或是扔在抽屉里。可以买上十来个文件夹,将各类书面文件分门别类地存放进去,并加上文件夹背标,哪怕文件夹里是空的也没关系,整齐地摆出来,也可以体现本店的规范性。

三、墙上的开关说明标签

店内墙壁上的各类开关,也可使用说明标签进行标注。

四、电器设备插头标签

收银台附近是店里各类电器最为集中的地方,往往要使用多位插座,多个插头都集中在一起的时候容易拔错,可考虑使用电器设备的插头说明标签。

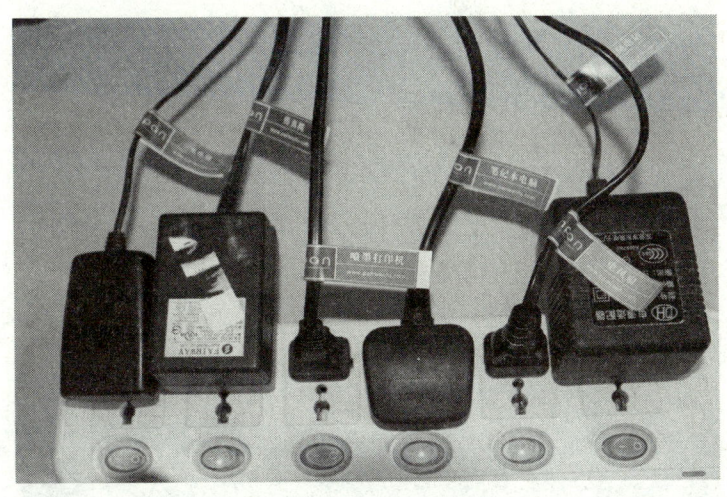

五、年度时间表

在收银台附近张贴一张年度时间表，把各类工作事务进行集中标注，在防止自己忘事的同时，也是间接向顾客展现本店的管理规范性，并暗喻本店很稳定。

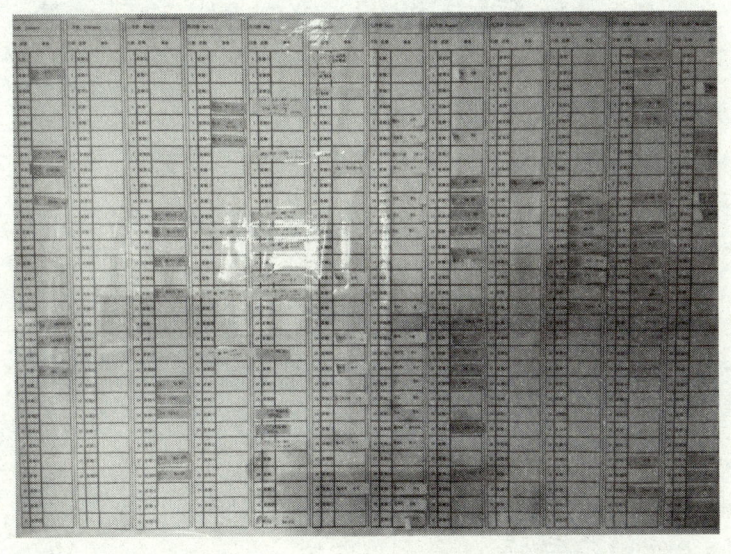

六、物品的分类管理

店里总是有些零散的小东西，例如各类办公用品、小工具、赠品、单据等。乱七八糟地挤在抽屉或是堆在桌子上，自己用起来不方便，顾客看到了感觉也不太好，可以使用物品盒进行分类分装，再加贴说明标签，如此便能整齐摆放、存取方便，看起来也顺眼多了。

简单的事情才能被执行，门店的规范化管理有上百个细节点，一下子说多了大家记不住，可以从这几个最为简单的小细节点开始，进行一些整改和尝试，持续提升门店的管理规范化，增加顾客的正面影响分，为后期销售工作打好基础。

第三篇 现场环境的优化

第 33 讲 顾客进店的厌恶点检查

也许是社会风气的原因，也许是人们安全感的原因，大家的性子似乎越来越急躁，似乎人人心里都有积怨、有火、有脾气，再加上企事业单位越来越糟糕的管理，红太狼式的老婆越来越多，搞得大家的脾气越来越不好，出了家门、出了单位门之后，个个都是火药罐子，稍微有点火星马上就能点着了：轻则吵闹口水飞溅，重则拳脚兵刃相见。即便涵养好点的人，现在也越来越容易生气，只不过人家涵养好，闷在心里，表面上看不出来而已。

从开店做生意的角度来说，好不容易盼望着顾客进店，若是这顾客一生气，生意谈不拢，或是丧失购物兴趣，转身离去，这就是损失啊，这种状况相信任何一个正常的店家都不愿意看到。当然，从主观上来说，没有哪个店老板会主动招惹顾客生气，但是，一些无意中的语言、表情、肢体动作，或是门店现场环境的某个方面，也许就会让顾客心生不爽，或是厌恶、反感、生气、走人！

这里，我们从门店现场环境这个环节进行一些清理，列举出若干会让顾客产生厌恶的点，以便让大家对照检查清理。

一、 进店被静电打

秋冬季节，顾客拉门进入时，手碰到金属门拉手被静电打了，时间虽然极短，但会立即点燃顾客的怒火！

应对措施：在门店拉手上张贴提醒静电的标示，同时可安装小型自放电的静电消除装置。

二、 有水滴滴在身上

在店外被雨淋，顾客没脾气，这是老天爷的事，可是，若是在进店时被店招上的滴水，或是进店后被店里的天花板滴水滴到自己身上，这就不是老

109

天爷的事了，这是属于店内管理失职！完全不考虑顾客的感受！

应对措施：店招在安装时，需要安装导水槽，并主动检查门店楼上是否有漏水源（例如楼上空调滴水等）；在雨水天，更要及时检查本店的天花板是否有漏水的情况。

三、店门口地面的地板砖积水

店门口的人行道有些是用地砖铺地，在雨天，很有可能导致砖缝之间有积水，虽然看不出来，可一踩上去，积水会立即溅出！

应对措施：对店门口的地砖应主动进行检查，一旦有松动下雨天就会积水，应及时用水泥进行填缝处理。

四、碰到拖把、扫帚

有些店喜欢把清洁用品（拖把、扫帚之类）摆放在店门口，顾客进店时，会不小心碰到这些拖把杆什么的。清洁用品是店里最脏的东西，有些讲究的顾客会条件反射般地闪到一边，并且在心里责问店里怎么把拖把、扫帚这些脏东西堵在店门口！

应对措施：拖把、抹布、扫帚这些清洁用品应该做隐藏处理，不能让顾客看到，更不能碰到顾客。

五、店员迎面扫地

一些爱干净的店员看不得地面有垃圾，一旦发现会赶紧拿把扫帚过来扫。可是，在店员低头扫地的时候，有可能顾客正好走过来，看到店员那个扫帚对自己扫来扫去的时候，顾客心里就会马上不舒服：这是要扫我出去吗？再加上扫地时，多少有些灰尘飞扬，遇到鼻子敏感的顾客，厌恶反感之心就会顿起。

应对措施：不要当着顾客的面扫地！另外，最好使用小型吸尘器清洁地面，把灰尘直接吸走，而不是从东边扫到西边。

六、碰翻垃圾筒

店里的垃圾筒放置位置不合理,顾客在店里走动时不小心碰翻了,垃圾撒了一地,诸如店员扔掉的早餐、顾客婴儿换下来的尿不湿、香烟灰,没有一样让人看着赏心悦目的!

应对措施:垃圾筒的放置位置一定要测算过,确保顾客在走动时不会碰到,并且使用带盖的垃圾筒,即便不小心碰翻,垃圾也不至于撒出来。

七、踏空

街道地面和店内地面不在一条水平线上,或是店内有台阶,都有可能导致顾客进店时或是在店内走动时一脚踏空,虽无大碍,但是会让顾客心里惊动一下,并且迅速产生不爽。

应对措施:地面要确保全平,有台阶的,尽量采取斜坡过渡,或是张贴明显视觉提醒标示。

八、地面不平

例如地面的地板砖破损、地毯卷边、木地板鼓包不平,都会让顾客踩上去感觉不舒服。

应对措施:至少得确保地面的基本平整度吧,这样走上去才有稳定平整感。

九、货架碰撞

货架的拐角伸到通道中,或是货架上的货物伸到通道中,或是货架下方有突出物,这些都有可能会碰到顾客,伴随疼痛而来的还有愤怒!

应对措施:全店全面货架,检查是否有突出的货架,尤其货架下方的突出物要进行角度长度调整,或是包裹一些软性防护材料。

十、碰脑袋

在店内上二楼,或是使用店内洗手间时,往往因为高度局限,容易撞头,轻则疼，重则眼冒金星，智商数下降到50以下。

应对措施：若是建筑物本身的空间原因，无法消除这些碰头点，那么，除了多贴些提示标志外，就是用软性材料进行防护处理。

十一、店内有刺鼻的气味

洗手间的味道、剩余食物的味道、装修的气味……这些刺鼻的气味会让所有鼻子正常的顾客心生不爽。

应对措施：店里有什么异味，店内的人一般是闻不出来的，需要定期找外人进店评测，看是否有刺鼻或是不适宜的气味。

十二、刺眼的灯光

谁都不喜欢灯光对自己直射！

应对措施：店内的灯光应尽量采取反射式灯光，原则上尽量不直接出现光源。即是有光线，无光源。

十三、音乐

低俗不堪或是刺耳的音乐，或是杂音过大的破音响，在顾客听来，那都是噪声了。

十四、地面的线材

电线或是各类线材有可能绊倒顾客，反应快的会跳开，反应慢的可能会重重地摔落在地，更严重的，三代单传的胎儿（男）摔得流产……

应对措施：地面不能出现任何有可能绊倒顾客的各类线材。

十五、粘住顾客鞋子的东西

封箱胶带或是带背胶的商标，随意丢弃在地面上，顾客走过时会粘在顾客的脚底。

应对措施：这些带黏性的东西应集中丢进垃圾筒，防止被顾客踩到。

以上这些，都是门店里常见的一些环境层面的厌恶点，顾客进店后一旦遇到，会立即产生厌恶感，不爽！烦躁！对整店在感觉层面上马上就否定了：这是家什么破店！怎么管理的！估计东西也不怎么样！走走走！！

这每一个厌恶点，就是一个个障碍点，每天都固守在店里，每天都尽职尽责地赶走顾客。

第34讲 门店的公德心

人要脸，树要皮，开店做生意自然也要个形象，最好是高端大气上档次，突出本店的正面光辉形象，出发点没错，这也是吸引顾客进店、增加业务量的方式之一。

不过，门店形象建设或是说提升，得有个基本的前提，就是要具备起码的公德心。所谓公德心，就是遵循社会实践活动中积淀下来的公共道德准则、文化观念及思想传统。通俗点说，就是做人做事起码的一些规矩。尊重他人，不随意损害他人或是公众利益，现在媒体上评论这类事件的报道越来越多，说明大家对公德心越来越在意和关注。并且，越大的城市越是看重。

无论是做人还是开店，若是连这个基本的公德心都没有，那些所谓的正面品牌形象估计也没法建立起来。那么，在日常的门店运营中有哪些环节会涉及这个公德心的范畴呢？

一、店门口的基本整洁程度

店门口那一亩三分地并不属于店里，而是公共场所，作为门店，首先要做的就是不能占用公共资源，不损害公共利益。例如：

1. 是否在店门口堆放货物，占据人行通道，尤其是占用盲道。
2. 是否将店内垃圾直接扔在店门口的路面上。
3. 店内的清洁用品（拖把、扫帚等）是否挂放在店门口的路面上。
4. 店内员工的车辆停放是否占用公共路面。
5. 店门口的空调室外机是否安装过低、是否有滴水，室外机排出的冷风或热风是否直接吹到路人身上。
6. 是否在公共路面设置地贴宣传品。
7. 是否在电线杆、市政设备等公共设备张贴本店的宣传品。
8. 是否长时间在店门口停车卸货。

9. 店内音响的声音是否太大。

10. 店内的宣传品或是陈列器材，诸如 X 展架、易拉宝、花车等是否摆放在店门口的公共路面上。

11. 店内是否有某些特殊气味散发到店外，影响到过路行人。

12. 是否在店门口晾晒本店物品（有些理发店经常将店内的毛巾晾晒在店门口）。

二、主动体现门店的公德心

不但不能在公共场合损害公共利益，还要主动做些工作，来体现出店里的公德心。诸如：

1. 主动清理店门口的路面积水、积雪、结冰。

2. 对于一些超过门店管理范畴，又存在一定安全隐患的状况，可主动设置一些说明提示牌，提醒过往的路人注意，例如路灯损坏、地面地砖损坏、楼上高空滴水、树上飞鸟拉屎、植物花粉飘絮等。

三、店员的行为与公德心

现场管理可以体现出店里的公德心，店员的行为更加可以。例如：

1. 是否向店外公共通道扔垃圾。

2. 在店内扫地时，是否直接把店内的灰尘扫向店外路面，导致路面尘土飞扬。

3. 是否向店外吐痰。

4. 是否拥堵在马路中间，向路人散发宣传品。

5. 被路人扔弃在路面的广告单页，是否会被店员及时捡走。

6. 是否有向过往路人强行介绍商品，或是拉扯行为。

7. 店员是否在店门口扯着嗓子叫卖，甚至用扩音器叫卖。

8. 店员是否在闲暇时，依靠在店门口嗑瓜子并随意向路人吐瓜子壳。

四、在进店客人的接待过程中

公德心不仅仅体现在店外，对于进店的客人，在接待过程中，也要体现出本店的公德心。例如：

1. 不直接攻击竞争对手，可以说自己的东西有多好，但没必要指名道姓攻击其他品牌。

2. 店内的广告宣传内容不得违反社会公德，或有违基本的价值观。

顾客买东西，前提是建立初步的好感和认可，而公德心的缺失会直接灭杀顾客对门店的好感，并且产生厌烦情绪和躲避动作，后续的所谓品牌形象或是店员的专业度就都无从谈起了。所以，在建立和传播门店的形象之前，先进行一些自我检查：在公德心这个层面，我们做到位了吗？

第35讲 墙上贴什么

店里的墙壁除了挂货陈列之外,总有露出来的地方,若是直接留白看起来不舒服,总得贴点什么在上面,于是:

1. 贴上店里的规章制度。
2. 贴上各种荣誉奖状证书。
3. 贴上产品宣传海报。
4. 挂上营业执照等政府文件。
5. 贴上店内的新品上市信息或产品促销的手绘海报。
6. 贴上本店的经营宗旨或是对顾客的服务标语口号。
7. 贴上员工通讯录或员工排班表。

从视觉美观的角度来说,这店里的墙壁首先不能留白(尤其是大片留白),至于贴什么东西在上面,多少也要讲究一下:

1. 不能出现乱涂乱画,也别给进店的熊孩子有乱涂乱画的机会。
2. 保持墙壁的基本干净,别出现渗水、发霉、墙皮脱落,或是出现蜘蛛

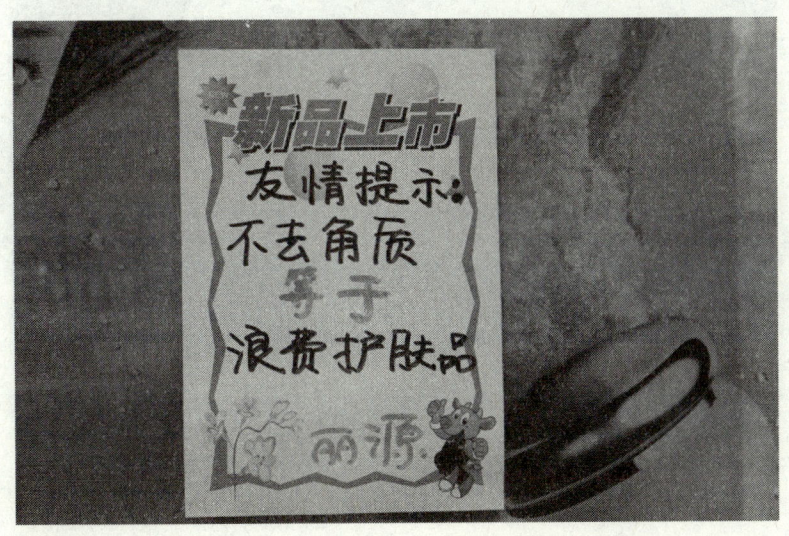

网什么的，这会让顾客感觉到这家店的衰败气息。

3. 墙上不贴手写的文件，尤其是字迹不咋样的，能体现出作者糟糕文化水平的。

4. 除了手写文件，复印件最好也别贴在墙上，毕竟不太正式。

5. 张贴在墙上的荣誉证书奖状之类高大上的东西，外面一定要有个框，且要悬挂在较高的位置，既然是"高大上"的东西，自然就得挂在高处。

6. 营业执照之类的政府文件，若非强令必须，可不明挂在店面的显眼处，可考虑悬挂在较为靠后或是不显眼的地方，毕竟，专卖店往往想营造出厂家直营店的感觉，私营门店的痕迹可尽量抹去。

7. 印刷出来的海报原则上不要只贴一张，四周都是留白，而应两张或是三张一起贴，这样视觉效果会强烈一些。

8. 在墙上贴海报时，切忌直接用胶带进行正面覆盖式张贴，且要保持海报的完整，别出现下图这种情况：

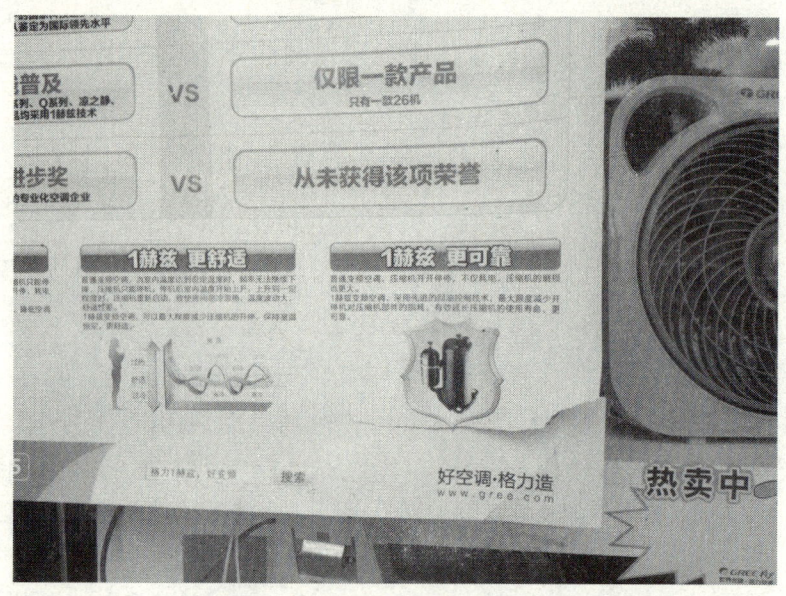

在保持海报完好的同时，建议使用双面胶带在背部进行粘贴，这样可以使得张贴面平整。

9. 经营宗旨和服务标准之类的口号别贴在墙上，毕竟，这些口号往往喊得过于高大完美,却很难保证店员能完全达到,若是做不到,那就是笑话,墙上写着"全心全意热情服务顾客",而店员却冷着脸。

10. 内部的规章制度也别贴在上面,这是完全的内部文件,贴出来意义不大,也许有的店老板试图以此来彰显本店的管理规范性,但是,店员的表现行为达标吗?同样的道理,内部员工通讯录和排班表之类的也没必要贴在墙上。

11. 临时性的通知别直接贴墙上,这样显得很不规整,可在墙上悬挂一块软木板,再把临时性通知用工字钉扎在软木板上,这样既显眼也显得活泼。

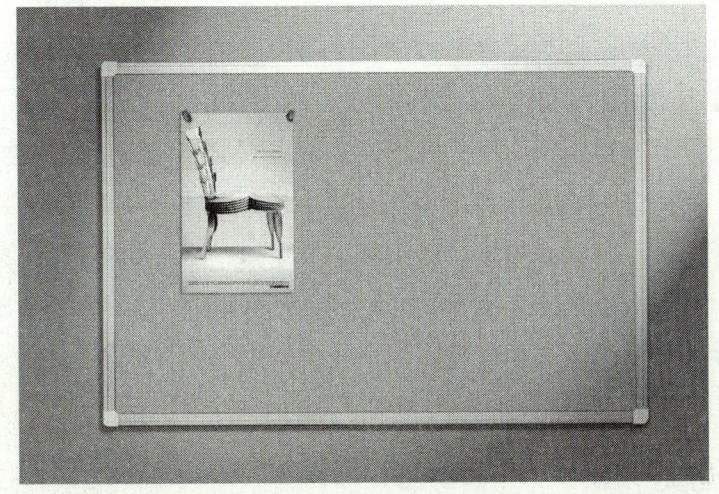

12. 神像或是财神之类的招贴画不要贴在墙上,宗教信仰个人自由,也许有的顾客不喜欢,老板喜欢的话贴在自己家里就好了。另外,财神之类的招贴画直接暴露出私营门店的性质和老板的价值取向。

13. 若是从彰显门店专业度的角度来说,可张贴一些专业技术类的图谱,或是员工的专业资格证书。

14. 当然,墙上也能贴些轻松化的、活跃气氛的东西,例如"本店可以打架打滚就是不能打折"等标语,做些调侃,尤其是针对年轻顾客的门店。

第36讲　5秒钟的直观感受

总体上来说，人还是感性思维做主导的，尤其是在买东西这回事上，对于可买可不买的东西，更讲究购物时的感觉，感觉对了顾客就自己劝自己买，感觉不对也会自己劝自己别买。作为店家的营业人员，主要是营造购物氛围，给顾客提供专业方面的资讯和素材，让顾客在感觉良好的前提下，愉快地做出购买决定。注意，在大多数情况下，不是营业人员劝说顾客购买，而是顾客自己劝自己买。

感觉这东西来得很快，尤其是顾客刚进店的那一瞬间，几秒钟而已，好还是不好，初步的感觉就已经形成了，若是能把握住，对接下来的沟通及采购达成，将会形成一个良好的铺垫作用。反过来，若是顾客进店的瞬间感觉不好，一开始就形成对门店的负面印象，即便营业人员后期想将其扭转过来，估计也是很难的了。接下来，我们就来分析分析顾客在进店一瞬间的感觉形成因素。

一、正面预想

顾客在进店之前，对要进的这家店，心里多少是有些正面的期望值的，不然就不会进来了。客观来说，顾客进店之前的正面预想，给这次交易起了个好头。

二、总长5秒钟

顾客正式进店之后，瞬间就会对门店现场产生一种直观的综合感受，这种感受的产生时间一般也就5秒钟而已，营业人员接下来要做的工作就是围绕着这5秒钟进行。

三、店里的门

顾客进店时，必然要经过店里的门。如果门是开着的，顾客进来倒是比较平顺；若是关着，接下来就有事了：

1. 是否有人在门店及时帮顾客开门，在这个方面，热衷于卖储值卡的美发店都做得不错，值得我们学习。
2. 若是需要顾客自己开门，门把手上是否注明了是推开还是拉开？
3. 秋冬天的时候，门把上会不会有静电？
4. 低温天气时，金属门把手冰冰凉，是否有绒布外套？
5. 店门把手上是否干净？
6. 推门的阻力是否过大？
7. 推门后是否会撞到门后放的东西？
8. 推门时会不会碰擦到地面的地垫？
9. 进门之后一放手，门上是否有回力臂能自动关上门？
10. 自动关上门的时候，是轻柔地合上，还是直接撞上去有响声？

四、店里的光线

顾客一进入店里，首先感觉到的就是店里的光线是否足够明亮？足够明亮的光线能让人心情愉悦，亮堂堂的店也可透出规范、大气的味道。并且，光线颜色也很重要，夏天别用暖光，冬天别用冷光。

五、地面

顾客踩到店里的地面，直接会感觉到地面是软还是硬。软硬没关系，就怕遇到那种地板没铺好，出现高低不平的凹凸感，甚至踩上去还会弹回来的状况。店里的地板都装得如此马虎，这就在一定程度上说明了店家的品质。

六、异味

如果顾客鼻子正常的话，一进店门就会闻到店里的气味。比如霉味、饭菜的味道、店老板身上的酒气、刚装修完的油漆味。当然了，在店里的营业人员天天待在这个环境里，对环境里的气味会麻木，即便有些异味，自己也闻不出来，于是就主观地认为本店气味正常。因此，应定期找外人进店闻测一下，看是否有异味。

七、温度

舒适的温度是必需的，这也是进店一瞬间就能感觉得到的。

八、现场的整洁程度

顾客进店后脑袋一转，眼睛一扫，几秒钟的时间已经把这家店看了个大概，是否整洁，一目了然。

九、主动迎接

顾客进店之后，心理上对营业人员的接待是有预期的，上帝进门了，总得有人赶紧迎接吧。万一顾客进店之后，压根没人注意到、没人理，直接把这上帝晾在这，或是过段时候之后营业人员才发现店里来人了，顾客对营业人员的接待预期一下子就会落空，瞬间也就产生不满情绪了。按说，在顾客进店的5秒钟之内，营业人员必须迎接上去，若是当前有事忙不开，也得冲顾客招呼一声。

一般来说，顾客在进店后很自然会想到这三点：有人吗？有人看到我了吗？有人向我主动打招呼了吗？

十、营业人员在接待时的仪表

负责接待的营业人员，脸上有笑脸吗？话说得客气吗？措辞恰当吗？这也就是几秒钟的事。

以上所说的几点，都是在顾客进店几秒钟之内会感受到的，也就是在这几秒钟之内，瞬间形成了对门店及营业人员的初始印象，也许是对接下来的采购形成正面铺垫，也许直接让顾客打消了采购的兴趣。所以，顾客进店的这几秒钟，务必要抓紧相关的细节部分，除了保持认真检测外，还可请其他人员以顾客的身份进店测试，店老板也可在走访其他门店时，收集刚进店几秒钟内的实际感受，提取其中的有效点，对感觉不适的环节，对比回顾一下自己的店里是否也有。

第四篇

接待流程的优化

第 37 讲　顾客进店的前 3 秒和前 20 秒

其实，说到底，人还是由感性主导的，就连选结婚对象这种大事往往也是由感性主导的，更别说买东西了，极少有顾客是在全程理性的状态下进行购物的。在进店之前，顾客的脑子还算是比较清楚和理性的，但是，只要一进店，被店内的现场环境和营业人员的态度感染之后，理性因素直线下降，感性因素直线上升。

人的感性因素，分为内因和外因两大类来源。内因来自个人的性格脾气、价值观、文化修养等，而外因则是受现场环境、与他人的接触沟通等外界因素的影响。而且，对外界的感觉（现场环境和他人），往往是在初始状态下就形成的，也就是说，顾客刚进店的时候，就已经形成了对这家店以及对店里营业人员的感性认识，并且，在随后的选购过程中，这种感性因素往往是起到主导因素的。

如果店里的营业人员能掌握好这个感应因素的形成关键点，在顾客一进店的时候让顾客形成对门店及营业人员的正面感性因素，那么，将对接下来的沟通和选购过程起到积极的正面推动作用。

从量化数据上来看，顾客进店时有两个时间节点是形成感性认识的关键点，把握住了，事半功倍。

第一个时间节点，是顾客进店的前 3 秒钟。3 秒钟能感受到什么？

1. 店里的灯光。
2. 脚踩的地面。
3. 店里的整体整洁程度。
4. 空气质量及味道。
5. 背景音乐。
6. 店里的货物丰富程度。
7. 店里的色彩与布局。

8. 店里的温度。

主要是现场环境给顾客带来的感觉。

第二个时间节点,是顾客进店的前20秒。一般来说,顾客进店20秒后,营业人员也该迎接上去了,应有一些初步的接触沟通了。虽然20秒的接触时间很短,但顾客还是能感受到很多,诸如:

1. 营业人员对顾客进店的反应速度。
2. 营业人员的表情。
3. 营业人员的欢迎措辞。
4. 营业人员对自己需求的初步询问。

总而言之,也就是营业人员在人际层面带给顾客的直观感受。20秒之内,对一个人的感性判断已经初步形成了,婚恋中的一见钟情大体也是如此,所以,顾客进店的前20秒钟,基本上决定了对店以及对营业人员的感觉,也基本上决定了是否要在这家店里买东西,或者,是否要在这个营业人员手里买东西。

反过来说,若是顾客在进店的前20秒就感觉不佳,对环境不满意,对营业人员的接待工作不满意,后面估计也就没啥心思再去探讨什么自己的需求和商品的问题了。一旦开头印象不好,方向就偏了,营业人员在后面再努力,往往也是白费力气。

毕竟,顾客给不了我们太多的时间,没那时间精力了解商品的真实品质,或是了解营业人员的真实人品和专业度,顾客进店可能也就是随便进来逛逛,留给营业人员的时间也就这么几十秒钟,所以,千万得抓紧,这一松懈,这个宝贵的机会可就过去了。其实,换个角度想想,也就几十秒的事,把握好了,后面也许就不用费那么些口舌来证明自己,重新赢得顾客的认可了。

第38讲 顾客在场时不做的七件事

对于顾客来说，一家店及这家店里的人，都是陌生的，顾客刚进店时，对店里的感觉是零。若是店里的服务良好、环境舒适、店员和蔼可亲，那就会不断地在顾客心里加分，反之就是不断地减分。当负分到一定程度时，也就是顾客离开店里的时候了。

造成顾客对店里感觉减分的因素很多，其中店员自身原因导致减分的占比较大，例如在表情、语言、举止等方面。这里列举一些常见的，会导致减分的举止行为，也就是顾客在场时，店员尽量不要做的事情：

一、不扫地

打扫清洁，只能在没有顾客的时候做。若是有顾客在场，店员有扫地、吸尘、擦拭货架等行为，顾客首先产生的感觉就是："这是要撵人走啊！"立即心生不爽。另外，扫地时的灰尘、吸尘时的噪声，都会干扰顾客的情绪，导致顾客不悦或是烦躁。

二、不打喷嚏不咳嗽

首先，这是很无礼的行为，加之存在污染环境、传播疾病的可能，因此会让有洁癖的顾客顿生反感，迅速离你三丈开外，甚至直接离店而去。万一遇到突然想打喷嚏时，可以采取仰头看灯光的办法消除。

三、不吃东西

当着顾客的面吃东西（常见的是早餐），行为不太雅观，牙齿上没准还会沾留些食物残渣，使形象直接受损，加之剩余的食品会散发气味，导致店里气味不佳。并且会让顾客感觉到，这个店员还没有进入工作状态。

四、不吃药

无论店员在吃什么药,只要被顾客看到了,顾客立即就会产生一种感觉,有病的人才吃药,这个店员有病!没准还会猜猜这个店员得了什么病,皮肤病?肝病?梅毒?淋病?浑身打个冷战,赶紧闪人。

五、不挠痒痒

这同样也是不雅行为。并且,挠痒痒这个动作会让对方产生一种对应感应,感觉自己身上也有点痒,或者感觉这个店员是不是不爱干净?

六、手忙脚乱地找东西

找资料也好、找宣传单页也好、找说明书也好、找赠品也好、找单据也好,只要是店员当着顾客的面手忙脚乱地找东西,顾客立即就会感觉到这家店管理混乱,连最基本的物品管理都做不好,看来售后方面也不靠谱啊。店里的物品摆放一定要清晰到位,并且加贴说明标签,方便在有需要时及时拿取,即便要找东西,也别让顾客看出来是在找东西。

七、不挂耳机

包括各类音乐耳机或是电话蓝牙耳机,只要是挂在耳朵上,即便没有启用,顾客也会感觉这店员的心思没有放在接待自己上,而是在听音乐,或是随时准备接电话。

第 39 讲　急客的接待

什么是急客？

简单来说就是着急购买的顾客。也许是家里等着急用，也许是单位的紧急采购任务，也许是临时送礼需要采购，也许是自家孩子闯了祸赶紧买一个赔偿给别人。

这类顾客的特点比较容易识别：

1. 进店时的走路速度较快，几乎是一头冲进来的，与普通顾客晃悠悠进店有明显的不同。

2. 普通顾客边进店边东张西望，急客进店时，眼睛是盯着某一个点的，脑袋几乎不动。

3. 脸上的表情较为严肃。

4. 进店后往往只到两个地方：某个商品面前，或是直接冲到收银台询问某件商品。

5. 普通顾客在刚进店时，也许会回避营业人员的介绍，说要自己看看，而急客则会主动找营业人员询问商品情况。

6. 在商品信息的了解内容中，主要集中在型号、是否有现货、库存数量、提货/送货情况，以及到位的价格是多少。

总体而言，急客会主动表达相关的购买需求，也希望店家能给出一个一步到位的价格，同时，急客自己也有点担心，担心店家利用自己着急的状态，不肯给出最优惠的价格，或是隐藏一些优惠条件。所以，急客有时候也会故意释放一些信息出来，例如顾客自己对这类商品很熟悉，以前经常采购，或是已经去过几家同类的店。主要意思就是说明自己很懂行情，店家可别蒙我。

那么，针对这样的急客，怎么样接待才较为妥当呢？

一、基本信息确定

诸如采购性质、型号、数量、配件要求、票据要求、送货及提货要求等。

二、表情调整

顾客急于采购，急于完成任务，是有点压力的，所以顾客脸上的表情也会比较严肃，这时，作为店里的营业人员，脸上就得要有对应的表情，也得严肃起来！说话的语速也得加快，千万不能带着笑脸，或者慢条斯理地说话，这样会让顾客感觉更加烦躁。

三、压缩常规接待流程

既然是急客，时间就很宝贵，就别整常规的接待程序了，进场寒暄、消除陌生感、建立信任、产生兴趣、深入了解全面需求、各商品的详细介绍、优惠活动介绍等环节可直接跳过去，除了必备信息外，能省则省，顾客没时间和你按部就班地磨牙。

四、全店紧张

全店的营业人员一起造就了店内的人文气氛，面对急客进店，接待的营业人员一旦明确顾客性质后，应及时将此信息传递给全店所有的员工，让所有的员工先都围过来一下，并且所有员工脸上的表情、说话的语气，都要紧张起来，让顾客感觉到，不仅仅是接待自己的营业人员，而是全店的人都在为我这个紧急采购项目而紧张起来。这会让顾客产生一种强烈的对比，对比自己刚才进过的其他店，或是顾客在接下来进入其他店时，感觉全店的态度明显不一样。

五、动作加快

营业人员除了表情开始紧张外，连动作也得加快，例如去拿个资料或是看下库存的时候，都得一路小跑着过去，若是交代其他营业人员去拿个什么材料时，嘴上也得叮嘱一句："要快！"这也从侧面说明这家店很把这笔紧急采购当回事，想顾客之所想、急顾客之所急。

六、主动打消顾客的顾虑

前面说了，有些顾客会有些顾虑，担心店家利用自己急于采购的情况不肯放低价格，或是隐藏优惠条件。这时，营业人员就得主动说出顾客的顾虑，主动表示："虽然您是着急购买，但我这店也不是临时开的，我也得做常年生意，不能只做一锤子买卖，不能利用您急着采购而乱要价，我们的价格和优惠条件要更到位，因为您这是马上就采购，对我来说马上就形成实际购买，价值度更高，所以，价格方面我得给您好好核算核算，确保合理。"尽量主动打消顾客的疑虑。

七、更换沟通场地

急客进店后，应尽量把顾客往店里面带，让顾客坐下来，毕竟，这类急客心里着急，接待方面大意一些他可能掉头就走了，所以，得尽量往店里面拉着点。再有，若店后面是仓库的话，尽量把顾客带到仓库里去谈，看着堆积如山的货物，顾客会感觉这家店更靠谱，同时，仓库里的商业气氛比较淡，而正式感、专业性及实力的严肃气氛则明显多了。

八、商品介绍

首先，不要翻箱倒柜地找商品资料，这样显得慌乱，一定要准确地拿好（或是让其他营业人员去准备资料）。在介绍商品时，也不要给顾客太多的选择面，这样会把顾客搞晕。若是顾客有明确的型号款式最好；若没有，那么给顾客推荐时，最多推荐三个即可。

九、主动的配套服务

主动向顾客表示：您这要得急，相关的送货、安装等工作我来马上安排，争取最快的速度。同时，有些不着急的手续，例如您的资料填写、售后保修单、开发票等工作，您可选择一个不忙的时间再过来办理，或者我们这边办好再给您送过去。

十、观察顾客的反应

急客进店的时候表情是焦急的,到了后期,再注意观察一下顾客的表情,如果仍然很焦急,说明顾客对这家店这个营业人员及所推荐的商品还不满意,问题还没解决,顾客还得抓紧时间去其他的店。若是顾客的表情已经放松,那么,这是个很好的信号,说明顾客很满意这家店的商品和服务,问题解决了,不用着急了,脸上的表情自然也就放松了。

第40讲　先让顾客买一个

一般来说，商品的货价越高，顾客考虑决策的时间就越长，会去多家门店进行反复对比评估，毕竟让一个普通消费者一下子掏出几千元上万元出来，肯定不是那么简单的事情。除了商品价格的因素外，还有一个原因，就是对门店、对店里的人员信任度的问题了。在有选择的前提下，顾客在选购商品时，往往是先接受人再接受商品，也就是说，看这店里的人顺眼了，产生了基本的信任，才能进入对商品购买的实质性沟通阶段。

不过，这里有个矛盾，因为在绝大多数情况下，顾客很可能第一次进店，压根就不认识店员，双方还属于陌生人的关系，那么，这信任感就无从谈起了，即便店员的服务态度很到位，好话说尽，脸上也笑得像花一样，但是，这最多就是让顾客不讨厌店员而已，还谈不上信任。而顾客的最终采购决定，又需要这个信任作为前期支撑，于是这两者之间就形成了一个矛盾。

从顾客的角度来看，信任一家门店，或是信任一位营业人员，是需要通过一个验证程序的。这个验证，要么通过时间积累来验证，要么通过某一个特定的事情来验证。通过事情来验证的，常规的做法就是靠时间来验证，多跑几次店，多打几次交道，接触次数多了，自然有个判断。不过，这种验证方法对店员来说成本高，风险也大，来来回回得接待好几次顾客，并且，还没法保证顾客会不会同时多跑几家店看看，万一和别家门店的营业人员对上眼了，这半熟的鸭子就飞了。

在销售工作中，要想让顾客对销售人员产生信任，要么在前期有足够多的接触次数和经历，要么有第三方介绍或作为信誉背书，显然，这两点在门店日常营业工作中都不是那么容易实现的。不过，这里还有一个解决办法，就是想办法让顾客先买个什么东西，通过这个实际购买行为，开始形成对门店及营业人员的信任。

具体的办法：

1. 在店里设置一些很容易做出购买决定的低价商品，当然，这些低价商品得要与店里的主营商品存在一定的关联度。例如家电专卖店，刻意地推出一些通用型万能遥控器，或是遥控器的配套电池；例如化妆品专卖店，推出卸妆棉、湿纸巾；例如服装专卖店，推出衣架或是衣柜里用的樟脑丸；例如鞋子专卖店，推出擦鞋巾。

2. 定价偏低忌高。这类配套的小商品，就千万别指望赚钱，平进平出就行了，甚至亏点也没关系。毕竟，这类商品只是一个引子，通过小商品的购买，为大商品的购买作为前期铺垫，利润主要出在大商品上，小商品的利润要牺牲掉。

3. 虽然小商品价格低，甚至还没法产生利润，但营业人员的服务态度可不能缩水，该介绍的介绍、该解释的解释、该试用的试用，服务流程上也不能缩水。几元钱的东西，也得带领顾客到收银台结账，双手递上找回的钱，该有发票的开发票，该有小票的给小票，小商品也得有包装，还得双手递交到顾客手上。这些服务和流程肯定不是因为小商品的利润，而是突出给顾客带来的良好感觉，这么个小东西都这么认真……

4. 把握次序和机会。这些小商品的销售，是为大商品的销售作为前期铺垫的，所以得把握好时机。有些顾客是被一些特价小商品吸引进店的，那就从小商品的介绍和销售开始，逐渐引导到大商品上。有些顾客则是进店看大商品，中途看到小商品，随手买几个，那么营业人员则可以通过小商品的销售，加强与顾客的深度沟通。还有些顾客就是刻意通过小商品的购买来评判这家店的服务态度如何。所以，这点小生意可别看不起，这往往是顾客接近你，或是争取顾客信任的好机会。

从顾客的角度来看，只要有实际交易完成，无论金额大小，都等于与这家店建立了实质关系，消除了陌生感，心理感觉就会亲近一些。若是店员服务到位，还会产生信任感，主观上产生两种感觉：一是买这么个小东西，人家的服务水准和专业度都不错，再买大商品，我心里也放心些；二是已经有实际成交经历了，我已经是他们的顾客了，接下来的大商品购买一定有得商量。

总而言之一句话，在店里设置一些低价的且与大商品具备一定关联度的小商品，从性质上来说，就是属于没事找事，就是因为与顾客没关系，所以通过这些小商品的销售建立关系，就是因为在顾客心目中没有信任感，所以通过这些小商品的销售建立信任感。这样可为大商品的销售打好基础，循序渐进，曲线前进。

第41讲 给顾客留台阶

人们把什么看得最重？

面子！！！

面子比公司里的规章制度重要！比国家法规重要！比钱重要！比命都重要！！我们辛苦赚来的钱，很多都花在自己的面子上。

钱财能丢能被骗，但面子不能丢，万一让顾客在店里丢了面子，那麻烦可就大了，轻则不买东西愤然离去，重则当场与营业人员用肢体语言切磋一下。

当然，智商正常（智商指数在60以上的）的营业人员，也知道不能让顾客在店里把面子摔得稀烂，但是，有些时候可能是无意中使顾客伤了面子，最为常见的，就是没给顾客留下台阶，要么让顾客一脚踏空，要么让顾客下不了台。常见的情况有：

一、没有对接顾客的炫耀信息

但凡有些炫耀的资本，人们是一定要炫耀出来的，不然就是锦衣夜行，太难受了！所以，有些顾客进店时，会刻意把车钥匙、名牌包、名牌太阳镜、名牌表之类的，能体现自己所谓身份的东西刻意地在营业人员面前晃一晃。还有一种情况，不是拿东西出来显摆，而是通过语言间接炫耀。例如：昨天忙了一下午在家做清洁，才搞完一个客厅（暗示房子大），明天我没空来，政府有个会要去参加（暗示自己是政府会议的座上宾）等。顾客之所以这么说，一方面是炫耀一下，释放一些信息出来，另一方面更是希望营业人员能发现其中的亮点，然后进行承认与夸赞。

若是顾客演了半天戏（奔驰车的车钥匙在手里都快被摇断了），这个呆若木鸡的营业人员却没有任何反应，顾客自然会感觉到很失落，认为这个营业人员完全心里没数，木头脑袋！一点情商都没有！掉头走人！！！

二、顾客说大话时

面子这个东西，有些时候是顾客确有那个实力能撑出来面子，有些时候则是硬装出来的。有些顾客为了面子，会吹吹牛皮，说自己是住在某个高档小区，用的某某商品都是某某大牌等。这些话只是顾客抬高一下自己的身份，营业人员顺着说几句逢迎的话就行了，可是有些一根筋的营业人员，却抓住不放，开始进行细节确认：您住那个高档小区的哪栋楼啊？您上次买的那个大牌商品是什么规格什么价格的啊？

三、谁是对的

从商品专业的角度来说，天天与商品打交道的营业人员在专业度方面肯定要远超普通顾客，并且，营业人员的专业度还会涵盖多个方面，例如商品的设计、原材料、工艺、新科技、竞品状况，乃至行业未来发展趋势等，而普通顾客一般也就只有单方面的使用经验而已。

在顾客和营业人员进行商品本身的一些讨论时，顾客也许会说出一些表层的分析标尺（尺寸、颜色、价格等），甚至是一些错误的感官评定。从专业角度来说，顾客说得不对，于是，有些营业人员急于证明自己的专业度和正确判断，对顾客所说的话进行直接否定和批评，然后将正确的道理讲出来。

从专业和理性的角度来说，营业人员是对的，但是，从顾客的感性角度来看，营业人员让顾客不爽了，这就不对了，营业人员让顾客不爽，顾客就会让你的生意不爽。

其实，顾客因为产品专业度不足而说出来的一些错话，营业人员切忌当场进行直接纠正，能回避就回避，若是顾客坚持要营业人员确认，也得含糊带过，如在某些时间，某些型号也许会有这样的情况……不过，我们店里到现在还没遇到过……有点脑子的顾客，也知道不能再坚持把大话说下去了。

四、顾客的硬话

有时候，顾客自己一时太犟，说出来的话太硬，例如："我到其他店里看看！"或是"算了！不买了！"等，营业人员可千万别直接应承下来，例如：

"那好,你去其他店里看吧!"或是"欢迎下次光临,再见!"这就直接把顾客逼死了,直接把顾客给赶出去了。

顾客有时候说出来的硬话,连顾客自己也收不回来,甚至可能这些硬话刚出口就后悔了,这就需要营业人员主动给顾客一个台阶下,例如:"这样,也许是我刚才没说清楚,我把这个重点给您再解释一下。"或是"买不买没关系,我给您介绍一下产品的基本情况,这样您以后选购的时候,能掌握些选购标尺。"

五、当顾客存在自身局限性的时候

例如,顾客对营业人员所推荐的商品比较喜欢,但价格方面吃不消,看样子是买不起,这时,不能直接说给顾客介绍个便宜些的,这就影射顾客没钱,而应说还有一款您可考虑一下,设计方面较为简约,性价比更高一些。

也许因为顾客预算有限,只能选择旧的款式,这时就别再强调新款如何如何了,顾客也知道新款好,但是贵。这时,对于顾客初步选定的旧款产品,营业人员则可强调:"这是经典款,很多人不喜欢变来变去的,经典的东西耐看。"

六、当顾客下不了决心时

就别紧逼着顾客了,而是要主动松开一点,告诉顾客:"不着急,买东西就得货比三家,多看看,多了解,最终综合多方面因素再做选择。"

七、顾客说在××地方更便宜时

别抬杠,也别追根问底。这句话很有可能只是顾客随口说说的,没必要较真,在对接上干脆把话说到位,直接超越,告诉顾客:"这世界上一切商品的最终成本都是零……"或者告诉顾客:"正常的商品,就会有正常的价格,正常的商业利润,若是遇到抛货,什么样的价格都是有可能的。"

八、顾客的信用卡里没有钱时

刷卡时余额不够,别直接说你这卡里没钱,而应婉转地告诉顾客:"这家银行今天的线路不稳定,您有其他银行的卡吗?"

九、 顾客过于独特的商品选择

千万别用很奇怪的眼神看对方,而应淡然一笑:"您果然是与众不同的。"

所谓善解人意,就是主动考虑别人的难处,并且能顾及对方的面子。至少要明确一点,顾客的所作所为都没有错,站在顾客的角度都会有合理的解释,这是不能被当场反驳的,有些时候,顾客所坚持的东西与实际情况或是与营业人员发生冲突时,禁忌争个面红耳赤,而应留出足够的缓冲地带,在不直接否定顾客的同时,给顾客留出台阶下,让顾客感觉到妥帖,或者采取转移注意力、转移话题的办法,别在这个问题上纠缠了。

第 42 讲　门店送客

在大卖场里,顾客来去自由,来了没人欢迎打招呼,走了也没人送。不过,在专卖店可不能这样,专卖店的生意是靠人做出来的,顾客一进门,就得赶紧上前迎接,并且要全程陪同,顾客要走了,自然也得送一下。那么,究竟怎么送客呢?也应该有点标准的。

一、是不是都要送?

这买了东西的顾客,肯定是要送一下的。那么,没买东西的顾客呢?也是要送的。毕竟,顾客进了门,就是一辈子的顾客,未来还是有机会的,至少,对门店建立了正面影响,其也会成为店里的正面形象传播者。再说了,送一个顾客没什么成本,执行起来也不复杂,就不要偷这个懒了。简而言之,只要顾客进了门都是客,无论是否买东西,都得送一下。

二、送的意义是什么

离店时店员伴随着顾客到店门口,这是一种起码的礼貌,是对顾客的基本尊重。若是不送,让顾客自己一个人默默地离去,多少会让顾客心里不爽:买这么多东西,走的时候都不送一下,太没有礼貌了!下次不来了!!

尤其对于那些当天没有购买的顾客,若是不送,顾客往往会认为这店里的人太势利,看我不买东西,走的时候连招呼都没一声,我下次肯定不来了。若是店员能主动送一下,顾客心里反而会产生一丝丝愧疚,这就为下次进店打下了一个良好的基础。

三、谁先道别

一般情况下,店员会陪伴顾客到收银台,协助顾客办理完收款开单等手续,在完成之后,收银员会对顾客进行道别。但店员不能在收银台直接与顾客道别,这会让顾客感觉,刚钱货两清,店员马上就道别了,不理自己了。所以,在收银环节,只是收银员向顾客道别。

四、别主动说要送顾客

店员在协助顾客办理完收款开单手续后,别主动向顾客表示说要送一下,诸如:"我来送您出去",你这一说,顾客十之八九不会要你送的,而应自然地引导顾客向大门走去。

五、离开收银台时

主动帮顾客提一下(刚买的)东西,掂一掂分量,若发现外包装不结实,或是分量偏重,应主动询问顾客要不要加个袋子,或是用绳子胶带加固一下,或是进行一下分装。即便顾客自己带进来的东西,也得检查一下是否结实,是否方便提取,体现出对顾客的关心和做事的细致。

在确定顾客已经买完东西要离店的前提下,给顾客送点小东西(赠品或是包装袋),或是帮助顾客解决一点小问题(加固一下包装),且不论价值如何,都会让顾客感觉很超值,毕竟交易都完成了,这些完全都是店里送的了。

六、送到哪里

最好送到店门外,提前帮顾客打开门,掀开门帘,然后把手里提的东西转交给顾客。

七、说点什么

1. 主动提醒外面的状况,例如风大、有雨、路滑、贼多等情况。
2. 道别,讲究点的用普通话说"欢迎下次光临",亲切点的可用当地话说"慢走啊"。

八、不要急着离开

多站一会(三五秒即可),目送顾客离开,目的是防止顾客回头再看一眼。若是顾客回头发现店员还站在店门口目送自己,心里感觉应是非常好的,下次是来定了。

九、关门的动作

对一些保持店门关闭状态的门店，关门的动作一定要轻，切忌重关门，或是由门自动关上，按照人们的基本礼仪，出门之后，对方重关门，是一种驱赶行为。

十、注意别在顾客刚走时聚拢说话

不要在顾客刚刚离店后，几个店员马上聚拢在一起说话，万一被顾客一回头看到，往往会认为这些店员是在议论自己，而且肯定是在说自己的坏话。

第五篇

沟通策略

第43讲 主动说不好卖

营业人员在给顾客介绍产品时,为了提升对产品的正面介绍渲染,促进顾客下单购买,往往会刻意放大该产品的实际销售情况,例如:

1. 很多顾客喜欢这个产品。

2. 这个产品最近卖得特别好。

3. ××顾客一次就买了×××个。

4. 库存都不多了。

站在营业人员的角度,这么说当然没错,可以正面提升产品形象嘛,说库存不多了,还能催促顾客购买。可是,顾客也是这么想的吗?

人与人的矛盾,主要来自各自角度的不同,营业人员说了这么多产品的好话,但顾客听后想的却不一样:

1. 王婆卖瓜,自卖自夸。

2. 把这个产品说得天花乱坠,是不是在吹啊。

3. 很多顾客喜欢这个产品?最近卖得很好?说明这个产品烂大街了,没什么稀奇的了,再说了,别人买我就要跟着买吗?我是一般人吗?别人的审美观和情趣,能赶得上我这个档次吗?

4. ××顾客一次就买了好多?营业人员说话这是什么意思,说人家有钱我没钱?看不起我?

5. 库存不多了?你们不会调货吗?以后厂家都不生产了?吓唬谁呀,多少年前的把戏还想拿出来玩?

本来营业人员打算给产品贴金,结果有些顾客不吃这一套,反而认为营业人员这是看不起自己,在用些低劣的伎俩戏弄自己。

其实,可以考虑换个思路,站在顾客的角度调整一下话术,尤其是有两句话要注意:

一、不要强调其他更有钱的顾客

顾客心理就是皇上心理,唯我独尊,听不得别人比自己更有钱。所以,在顾客面前强调还有某个顾客有着更大的购买量时,就是在间接贬低当前的顾客。

二、不要动辄就说这个产品卖得多好

而是要换个思路,主动说这个产品现在卖得不好,当然,要说清楚为什么卖得不好,比如说:

1. 这个牌子很多人不认识,暗喻一般顾客见识短浅,不识货。
2. 这个产品价格较高,一般人舍不得买。
3. 这个产品的使用需要上档次的配套环境,暗喻这个产品所面对的顾客群体都不是一般人。

顾客闻此言,所想到的是:

1. 这个营业人员倒是比较实在,一般营业人员都吹说这个产品卖得有多好,这位营业人员却说卖得不太好。
2. 营业人员能说这话的,就不是积极推销的。一般来说,营业人员越是积极推销的产品,顾客越是警惕:这里面肯定有花样,要么利润高,要么有问题。
3. 这种高档货,一般顾客根本就不认识,也没那个配套使用条件,更买不起。
4. 我可不是一般人,我怎么能和那些普通顾客一样呢,别人不懂的,我懂!别人买不起的,我买!

第 44 讲　苦笑的运用

销售的过程，就是店员和顾客之间沟通的过程。沟通的质量决定了最后的成交概率。所谓的销售技术，更多的就是沟通技术。沟通可分为三个基本要素：

1. 沟通中所传递的信息。
2. 沟通的表达方式。
3. 对方的接受和反馈。

在沟通的表达方式中，除了常规的语言沟通之外，肢体动作、表情、穿着、仪容仪表也都属于沟通的范畴。因为，这都是在传递信息，并且会被对方接受且作为一定的理解反馈出来。

如果站在顾客的角度，最容易识别和感受到的不是语言，而是表情。人们相信"相由心生"，心里在想什么，脸上就会有对应的表情，这顾客要是一进门，抬眼就看到营业人员的一张苦瓜脸，估计立马就没购物兴趣了。当然了，稍有些经验的营业人员也知道，和语言一样，这脸上的表情也是要控制的，在顾客进门的时候，也能摆出一副笑脸来。但是，这里有种情况却是被绝大多数营业人员所忽略的，就是面部表情的失控。当然，除了面瘫患者外，人都可以控制自己的脸部表情，做出或微笑或严肃或悲伤的表情来。但是，这种主动控制一般都是一次性指令，也就是说，在调整出相应的表情之后，一般只能维持大约 20 秒钟，20 秒之后就会进入无意识状态，会随着当事人当时的情绪而出现对应的变化，但本人并不会知晓，还会认为是刚开始的特定表情。万一后来失控的表情不当，这就得罪人了。例如：顾客刚进门的时候，营业人员肯定会笑脸相迎，但这笑脸一般 20 秒之后就没了，随即进入无意识状态，也就是失控状态，这就存在表情不当而得罪顾客的可能。所以，在与顾客沟通的过程中，不但要控制语言，还要保持控制或主动运用自己脸上的表情。

这里，给大家介绍一种表情在沟通中的运用，就是"苦笑"。

在销售过程中，有种情况是很常见的，即顾客会提出一些过高的要求，诸如价格、赠品、多开发票、送货、退货保障、额外的服务等，已经超过了正常的优惠条件，的确是无法答应的，但也得面临一个给顾客的回复和解释的问题。

若是直接回绝那肯定不行，一点面子也不给，这就直接把顾客给得罪了，再加上语气和措辞生硬的话，那这个顾客是跑定了。

若是急忙开始解释一大堆不能答应的理由，要么顾客不理睬，坚持己见："我不管那么多，反正你就给我一句痛快话，行还是不行？"要么被顾客认为是可以商量的。然后也会找出一堆理由来，诸如我是你们的老顾客了，以前照顾了你们多少生意，接下来我还会介绍其他人来你们店里，总要有点特别优惠给我嘛……这都会让营业人员没法有效承接和回应，要么被迫答应顾客的条件，要么拒绝顾客，要么推给店长老板。

这里，我们先来分析一下顾客的心理。一般来说，顾客明明知道店里所标定的优惠条件，也从营业人员那里得知了优惠的最大限度，但还是坚持要拿到更大的优惠条件，说明在顾客自己的心里刚开始也只是试探性的，反正不用成本，提出来争取一下嘛，能答应最好，实在要是不答应我也没什么损失。不过，要是遇到营业人员冰冷生硬的回答，顾客则马上不高兴了，这就是不给我面子啊，完全不重视我啊，不行！今儿这优惠我还非得要了！不给就不买了！这情绪一下子就对立了。若是营业人员解释一大堆理由出来，说明这里面肯定还是有商量的余地的，坚持不松口，多磨一下，要是实在不能给，营业人员肯定就直接回绝了，没必要解释这么多啊。

这时，可以考虑运用一种表情语言——苦笑，在听顾客提出的过高条件后，先不说话，而是苦笑一下，表示实在为难、实在无奈、有心无力。

这一苦笑，在顾客看来是一种信息传递，人家实在没办法，让人家很为难，但没直说，不直接拿话顶回来也算是给自己留了面子，即缓解了顾客有可能出现的对立情绪，顾客心里也缓和了，开始调整自己对优惠的预期，自己给自己找安慰，没有就算啦，别没完没了啦。

营业人员在苦笑之后，就别再过多地解释了，赶紧说些软话，一方面是给顾客一个台阶下,另一方面是赶紧转移顾客的注意力。

例如:

1. 早点带回家,早点享受啦!
2. 您对提货时间有要求吗?
3. 我先看下库存,看看您要的这款还有没有货。
4. 我去给您挑一个新包装的。
5. 这样,我给您争取一个别的优惠条件。

第 45 讲　专业底子与轻松演绎

作为门店的营业人员，具备一定的产品专业基础是必需的，也是任职条件之一。尤其是那些名字叫"×××专卖店"的单一品类零售终端，在顾客看来，既然是"专"卖店嘛，这店里的营业人员就应该是一个"专"家才对。

所以，无论店老板对此岗位的要求，还是营业人员自己的主动要求，专卖店里的营业人员多少应有点专业度，有些店里还针对这个专业度建立了具体的量化指标，安排了相关的技术培训，配发了教材，还采取了测试考评等死记硬背的手段，确保店员掌握了足够的专业技术，能具备了一定的专业度。

既然明确了要求，也花费了大量精力进行培训学习，那么，这些专业技术自然得在日常的营业工作中运用出来。于是，在面对进店的顾客时，营业人员嘴巴里的专业术语一个接着一个，甚至还能冒几句英文出来，强调国际市场的最新技术先导和流行趋势，以示与国际水平接轨……

营业人员在顾客面前显露专业水平，无非是想告诉顾客：

1. 我才是专业的！让你知道什么才是行家！
2. 你（顾客）所知道的那点知识其实很浅薄，最多也就是使用经验而已，我这些专业知识非常全面、非常深入、非常领先……
3. 所以，你（顾客）要听我的，因为我比你专业、比你懂行、比你会选择商品。

没错，作为专卖店的营业人员，从职业技术的角度来说的确就应该是一个专家，至少，专业知识的信息量要比顾客深厚很多才是，这样才能赢得顾客的信任。

不过，这里也有个问题，对于营业人员的专业度，顾客又是怎么想的呢？

的确，营业人员的专业度很高，非常熟悉商品，甚至知道原料和工艺情况，乃至最新的技术运用，但是，营业人员在过于表现自己的专业度的时候，会不会对顾客产生别样的感觉呢？

1. 产生压迫感。面对营业人员不断抛出的专业术语，很多又是顾客自己不懂的，难免会产生一些压迫感。

2. 产生距离感。几番沟通之后，营业人员往往会利用自己的专业深度，纠正顾客对产品的一些认识和观点，甚至直接反驳顾客的错误观点。也许营业人员是对的，但是，从另外一个角度来看，也就丧失了双方之前的融洽感和亲切感，使得双方之间拉开了距离。

3. 在一定程度上打击了顾客选择商品的自由度和乐趣，变成了以产品专业为主导，也就是以店里的营业人员为主导。

4. 也许会认为营业人员在刻意卖弄，满口的专业词汇就等于在告诉顾客，你是个外行吧，你啥都不懂吧。

5. 甚至会反感。专业，是营业人员的优势，缺失顾客的劣势，若是刻意突出营业人员的优势，很有可能让顾客反感，从而发挥出顾客的优势所在：杀价！走人！

我们打一个简单的比方，作为病人面对专业的医生时，我们也许会信任，也许会敬畏，但是，我们会喜欢医生吗？尤其是一些满口专业词汇，动不动还冒几个英文单词出来的医生。

在商业领域，成交的达成除了自身的实际需求和产品本身之外，与产品销售人员之间的互相认可度也是非常重要的一方面。再加上当前产品的同质化其实非常严重，很多时候，站在顾客的角度与其说选择了这个产品，还不如说因为看好这个营业人员，从而选择了在这个营业人员手里买东西。

专业知识的确可以树立自己的专业形象，但是，过于表现自己的专业，反而会导致与顾客之间形成距离感。那么，作为营业人员在专业度这个问题上，尺度究竟该如何把握呢？

建议考虑这样一个定位：专业底子，轻松演绎。

作为营业人员，具备足够的专业度是应该的，也是基础，但是，掌握专业技术是一回事，怎么发挥运用出来是另外一回事，这两者不能混为一谈。

在与顾客的沟通中，最终的目的是让顾客感觉舒服，沟通融洽，从而认可这个营业人员，实现采购，而不是急于给顾客上课讲科学道理。所以，专业技术的运用可不是按部就班地给顾客上课，更不能急于去纠正顾客的错误观念，而是要灵活运用，让顾客在轻松愉悦的状况中先接受营业人员这个人，再来认可其所说出来的一些道理，即专业底子，轻松演绎。要实现这一点，可考虑以下几个基本步骤：

1. 营业人员所需要掌握的专业技术要到位。对于营业人员来说，这点是前提，没有足够的知识，哪有后面在销售工作中的信手拈来，厚积才能薄发嘛。

2. 将专业知识进行内容输出改装。也就是本着轻松化、通俗化的原则，将专业知识通过一些通俗易懂的小例子、小故事表现出来，大量使用生活中喜闻乐见的案例和手法来说明，直观明了且有乐趣，并且，除了语言描述外，还要配合表情、动作、图片、视频乃至模型。

当然了，专业知识的学习并不复杂，死记硬背也可以，但是，轻松化、通俗化的改装则需要大量的转换和设计工作。

3. 让顾客感知到营业人员有专业度即可，不要刻意显露出来，并且是当有顾客主动问到某一个环节点的时候，再来给予解答。不然的话，过多地急于表露自己的专业度，在顾客看来就是卖弄了。若营业人员的专业基础不到位，半坛子醋还在那里拼命晃，给顾客的感觉就更差了。

4. 给顾客带来的感觉应该是这样：

（1）专业人士果然是专业人士，人家的确懂得很多，不过也不摆什么架子，人也很低调。

（2）营业人员讲的这些道理我都能听明白，而且还很有趣。

（3）不管这次买不买东西，起码学到不少东西，长了见识。

著名经济学家吴敬琏先生的"经济学平民化"，就是把高深复杂的经济学理论，用普通老百姓都能听明白的道理讲出来。复杂的经济学理论尚且如此，相对简单多的商品销售更应该做到。

第46讲　如何面对顾客的质疑

在门店的经营活动中，很多店老板都曾出现过一个问题，就是如何面对顾客解释产品质量和价格的问题。虽然老板非常相信自己所经销的产品，但顾客往往存在一些质疑，即便店老板耐着性子并很有自信地去给予解释，但总有很多的顾客对这些答案半信半疑。老板们很苦恼，于是反省自己是不是介绍得不到位，或者其他原因致使顾客对自己介绍的真实性进行质疑，自己该运用哪些营销技巧来真正赢得顾客的信赖呢？

这类情况在门店营业中非常普遍，从门店研究课题分类上来说，属于与顾客的沟通技术问题。

我们来进行问题的分析，就是顾客为什么会质疑：

1. 在面对顾客时，单纯的语言是苍白的，缺乏足够沟通技术的语言更是无用，甚至还会起到反作用。在现在的门店营业人员中（包括老板），有九成以上缺乏足够的语言沟通技术，往往只是从自己的理解和角度出发，自己认为怎么说就怎么说，至于顾客是怎么想怎么看的，却极少去研究。

2. 店老板（包括营业人员）与顾客的关系存在一定的对立性。店老板为了利润而卖货，顾客为了需求而买货，这两者之间会出现一些不一致性，从而导致对立。所以，顾客会下意识地怀疑老板说出来的话，也就是说，不管老板说什么，顾客总是会习惯性地反对或是质疑。

3. 店老板多少有一点专业性，对产品的工艺和质量有些了解，但顾客一般都是外行，这就等于一个内行和一个外行在打交道，顾客在专业上肯定说不过店老板，所以，顾客肯定要找一个平衡点，那就是价格。也就是，店老板有专业，顾客有价格。

4. 那这问题怎么解决呢？

（1）环境烘托铺垫。

所谓的环境烘托，就是让顾客在进入店面后，通过现场的环境布设，让顾客在心里产生对价格的高预期，也就是有了一定的心理承受准备。在此基础上，老板报价或是顾客自己看到价格时，接受度相对会好一些。

那么，怎样烘托环境呢？，就是通过一定的现场设置，从原料、工艺、品质等方面，说明产品价格高的原因所在。例如，在店面里展示产品所使用的优质原料、工艺说明、相关配套零配件的品牌、生产现场的照片、相关政府或是检测机构的认可证书等。一定要让顾客亲眼看到、亲手摸到。这些东西，都是在向顾客证明，生产成本高必然会带来价格高，高质高价。若有可能，再安排一些同类低价低质的证明材料，例如低劣的原料、粗糙的工艺、简陋的厂房、劣质产品的危害性报道等，进一步让顾客从多个角度去衡量价格问题。或者说，顾客最终不会接受老板的说辞，只会相信自己的所见和判断。

（2）先看后说。

就是先让顾客自己看，看原料看照片看证书，等顾客心里已经产生一定的高价预期之后，老板再来介绍产品。记住，这个次序千万别弄反了，一旦先说价格，顾客心里会产生抵触和质疑情绪，之后再怎么引导，给顾客看这些证明材料都没有用了。顾客会认为这些都是你杜撰出来的，是为了配合你的高报价所使用的工具而已。

（3）先把顾客培养成半个专家。

前面说过，在产品的专业度方面，店老板和顾客存在较大的不对称，这往往会导致顾客在专业上说不过店老板，就把价格抓着不放。所以，先要把这个课补上，也就是把顾客的专业度先给提升起来。用较为简练的词语，迅速给顾客补充相关的专业知识。尤其是在顾客存在认识误区的一些方面，虽然在短时间内无法把顾客的专业水平提升到专家的水平，但至少先将其提到半个专家的程度。在专业知识上达成一个初步的平衡之后，就能为接下来的价格说明进一步打好铺垫。

（4）突出性价比。

在向顾客说明产品价格前，先强调一点，就是性价比。引导顾客从性价比的角度来看产品质量和价格之间的关系，而不是绝对的便宜或是昂贵。待这个说明获得顾客的认可后，再来报价。尤其要说明的是，在顾客已经看过那些现场布设过的东西之后，老板就别再重复讲解那些原料或是证书了，做些提醒即可。

(5) 预防竞争对手。

价格都是相对的，特别是竞争对手的报价，顾客是一定会去对比的。顾客在来你的店之前，可能去过竞争对手的店，也有可能在离开你的店之后，会去竞争对手的店里再看一下。这里就要考虑到，竞争对手的报价会产生较大的干扰，所以，得要进行提前的预防和防备。这具体的预防措施也简单，就是了解到竞争对手怎么解释自己产品的价格，以及如何攻击你方产品的价格或品质。具体方式可以以普通顾客的身份，先到各竞争对手的店里转转，听取别人是怎么说的（最好带个录音机），回来后再整理一下对方的说辞，分析其中的攻击点和漏洞点，提前准备好应对解释用词。在顾客进店时，提前释放给顾客，让顾客心理产生一定的预备，这样，就在一定程度上减少了竞争对手的攻击和抢夺。

第47讲 转移顾客的注意力

再厉害的销售高手，也不见得能应付得了所有的顾客；再齐全的销售话术，也无法解释顾客提出的所有问题；店家自认为再完美的商品，没准也会碰上更加挑剔的顾客。

毕竟，在销售工作中，不是所有的问题都能被解决的，比如说，在价格上双方都不肯让步；顾客索要更多的赠品没法给，顾客提出更高的服务要求无法答应，顾客喜欢的款式颜色没货了，等等。这些问题本身可能是无解的，于是，有些营业人员干脆就实话实说，直接回绝，甚至出现语言上的冷漠，诸如：这是我们店里的规定！动不了！价格一分钱都不能降了！不可能的！没有！没货！对不起！做不到！没办法！这种回答方法就属于笨蛋的行为了。

再有一种情况，就是顾客和营业人员某一方在情绪激动之下，把话说过了，一时间无法收回，也就没法给对方台阶下，当场陷入一种较为尴尬的局面……

对于顾客提出的这些无解的问题，或是遇到尴尬的冷场局面，即便营业人员打算回旋或软化处理，脑子反应和处理还是需要时间的，万一大脑的反应速度与顾客的耐心出现矛盾，也就是顾客在提出问题后迟迟得不到有效的回复，很快就会陷入僵局，这买卖也就差不多黄了。

那么，顾客提出来的这些无解的问题究竟应该怎么办？不能直接回绝顾客，也没办法搁置，只能设法转移顾客的注意力。

所谓转移顾客的注意力，就是在短时间内，通过前期预设好的某个特定的话题或是行为，迅速将顾客的注意力转移到别的方面，在其他方面展开沟通，或是让顾客参与到其他方面的行为动作中，双方暂时都放弃当前的无解问题，同时也是缓解一下因为无解问题而导致的尴尬或是降温的沟通气氛，待顾客的情绪或是对商品价值有重新认识后，或是营业人员利用这个时间段，想好了有效的应对办法之后，再转回到这个无解的问题上来。

总而言之就是，当前解决不了的问题，就别再纠缠，迅速转移对方的注意力。

别说开店做生意，上升到国家管理层面也是如此。例如两国在领土领海上有纠纷，双方谁都不肯让步，再互相扯下去就得动手打了，这时，就可以采取搁置的办法，先维持现状，放个几十年以后再说。当然，这个搁置的办法对于做生意来说显然不行。或者，当国内压力太大，政权阶层又无法有效化解，社会对立情况越来越严重的时候，就干脆在外面打一仗，一下子就把全国百姓的注意力转移了出去，再利用这个时间段，进行相关的矛盾处理和平缓工作，等国内的矛盾化解得差不多了，外面的仗就不打了。谈恋爱也有这样的问题，约会的时候小伙子迟到了，姑娘不高兴了，小伙子怎么解释都没用，这时就别再解释，而是大叫一声：你脚下有条蛇！！然后拉起姑娘就跑！之后小伙子还能把姑娘骂一顿："什么眼神，那么大一条蛇没看见?！幸亏我刚才看到了，不然后果不敢设想啊！！！"

同样的道理，这个迅速转移注意力的办法，我们在店里迎接顾客的时候也照样可以用。即提前设定好相关的话题和动作行为，待与顾客出现沟通僵局时及时调用。例如：

一、 话题类

1. 窗外站着的那个人是您的熟人吗？一直在看您。
2. 路边那台车是您的吗？一会交警要过来了。
3. 询问与产品使用方面的配套条件。
4. 您看这温度合适吗？空调温度您看要调一下吗？
5. 您这包在哪里买的？很别致啊！
6. 要不要给您换杯温水？（看顾客一直没动眼前的冷水）
7. 咳咳，门外的街道上有个贼在掏包。
8. 询问顾客以前对类似产品的使用情况。

……

二、行为类

1. 给顾客倒杯水。
2. 给顾客拿本产品资料册过来。
3. 给顾客拿过来一个赠品。
4. 起身把店里的更多灯光打开。
5. 遥控打开店里的音响。
6. 递给顾客一个沙发靠垫,让顾客坐得更舒服些。
7. 递给顾客一个专业的检测仪器,让顾客自己亲自检测产品的某项技术指标。
8. 让顾客先坐一下,营业人员表示先去仓库看下库存够不够。

……

总而言之,迅速切入一个与当前无解的问题完全没关系的话题,或是导入一个动作行为,迅速将顾客的注意力转移到别的方面。作用点在三个方面:

1. 缓解当前即将陷入僵局的现场气氛。
2. 刻意制造新的机会点,重新建立顾客对门店、对营业人员的正面感觉。
3. 争取时间,让营业人员有时间思考接下来该如何面对顾客所提出的无解的问题。

这里有个细节点需要注意,就是当行为动作类切入时,需要其他营业人员的配合,在主谈营业人员释放出某个特定信号后,在场的其他营业人员迅速启动对应的执行动作,例如端茶递水、调整音响等。若是完全让主谈营业人员自己来做这些事情,难免显得有点不自然。

第48讲　当顾客表示自己很内行时

若是从产品专业度的角度来说，在绝大多数情况下，专卖店里店员的专业水平肯定是要超过顾客的。毕竟，店员是接受过专业培训，并且天天与产品打交道的，天天练，这专业水平肯定不低。

不过，这进店的人啥样都有，没准还就真能进来一位专业级的，所具备的专业水平可能在店员之上的顾客，例如：

1. 曾经或现在的零售商同行。
2. 同类厂家的生产员工或老板。
3. 同类厂家的业务人员。
4. 此类产品的研发人员。
5. 此类产品产业链条中某个环节的从业人员。
6. 对此类产品有着连续或是深度使用的专业顾客。

具备这些背景的顾客，对行业、产品、厂家，乃至发展历史和未来发展趋势都很熟悉，综合专业度较高，并且，这类顾客在进店后很有可能向店员说出自己的专业背景，也就是强调自己的专业度。那么，作为店员，在接待这类顾客时，该如何有效面对呢？

首先，三个禁忌要注意：

一、不要表现出质疑的表情

不要说"真的啊""不会吧"之类的话，这样会直接招惹顾客产生不快，导致顾客直接否定该店员，从而降低购买概率。

二、更不要挑战顾客的专业度

也许有的店员自认为自己的专业度很不错，在听闻顾客也是有专业背景时，心里有些不以为然甚至不屑，于是，刻意抛出几个具有专业深度的问题或是专业词，或者非要说出一些更为专业、更为内行的话来，试图挑战一下顾客的专业水平，这样的话就直接压迫了顾客，这种压倒性的语言会让顾客非常不爽，无论顾客能否答出来这些专业问题，都是把顾客给得罪了。

三、简单的基础知识就不要再说了

既然顾客已经说自己是具备一定专业背景的，那么有些基础知识就没必要再说了。具备专业度的顾客对这些基础知识没什么兴趣，反而会觉得店员太啰唆，班门弄斧。甚至会觉得这个店员明显没头脑，我刚才已经很清楚地说过我的专业背景，你还和我说这些很简单很低级的东西，难道你耳朵不好使吗？

当然，也有一种可能，就是这顾客其实没什么专业度，也就是一点皮毛而已，所谓的专业度是装出来的，就是想在店员面前摆点谱，或是在同行者面前摆点谱，或者想利用这个专业度争取点优惠什么的。店员发现这种情况后，千万也别当场试图进行验证或是解开真相什么的，该装傻就装傻，心里有数就行了。甚至要顺应一下，必要时可小烧一把火，把顾客架起来，让他不好意思空手离店。

那么，在面对这类专业顾客时，在接待话术上有哪些可供选择的措辞呢？

一、基础和新变化

面对专业顾客："您也是行家，基础层面的东西我就不介绍了，只是有几点新的变化给您介绍一下。"点到为止，既承认顾客的专业，也突出产品所具备的新信息。

二、别争论

顾客的专业度与店员的专业度有可能不在一条线上，也许会出现一些不一致的地方，这个时候，可别急于强调自己专业的正确性和正统性，而应一嗅到双方存在争论的可能，就赶快自己打住，能顺着顾客说就顺着顾客说。过于强调自己的正确性，会让顾客下不了台的。

三、突出均衡与匹配

越是专业顾客,越清楚商品的局限性在哪里,在对商品本身及效果进行描述时,切忌进行过大过全的夸大性描述,而是要突出客观性。可主动说出来,这世界上没有完美的商品,选择商品只能选择合适自己的,与自己的需求能匹配的。在价格方面,没有绝对便宜的,也不是越贵越好,而应选择性价比高的商品。

四、送高帽子

顾客说自己具备专业度,干脆就顺着他的意思去,再给顾客送顶高帽子。一般的顾客进店就是大爷,专业顾客那就是更大的爷。于是,主动向顾客表示,今天与您一番沟通学到好多东西,您说的话比厂家的专业培训师说的还要好,还更通俗易懂,我听了厂家几年的产品知识培训课,不如您今天的一番话说得这么透彻!这高帽子戴上去,哪有不舒服的道理?!这已经不是买东西的问题了,而是上升到顾客个人价值的重新认可上了,这些精神鸦片抽下去,所带来的精神愉悦感要比杀价有意思多了。再说了,这么高的性质,面对新招的学生(店员)还好意思杀价吗?还好意思空着手离店吗?

最后,面对这些专业顾客,如果接待把控得当的话,沟通起来反而会更加顺畅,因为双方的知识信息较为对等,都是识货的,少了许多单向的知识普及和价格说明工作,双方可以直接进入商品价值层面沟通,不但更加顺畅,而且沟通质量也更高。

第49讲 当顾客说不买时

精心准备的求爱现场，小伙子鼓足勇气说出"我爱你"之后，姑娘冷冷地回一句："对不起，我已经有对象了。"

在店里，营业人员做了很多的铺垫和介绍，满怀希望等待顾客说下单，没想到，顾客突然来一句："不买了。"

估计大多数营业人员听到这句"不买了"之后，心里往往是失望、失落、愤怒，本来抱着满腔希望，觉得再加点火就能成交了，没想到顾客又说不买了，前面做的那些工作都白费了。于是，营业人员脸上的表情和语气难免就有些变化，笑容没有了，表情开始僵硬或是冷下来。话说得也没那么好听了，客气点的也只是说：您再随便看看吧。甚至还有营业人员直接转身离去，抓紧时间接待其他顾客。

而顾客一听这话，或是一看营业人员脸上的表情和语气变化，立马能感觉到营业人员已经对自己失望了，已经开始冷落自己了。得了，人家不高兴了，不愿意再搭理我了，咱走吧。

从人们人际交往的特性来说，当面多少要给对方留点面子，话不能说死，即便是不买，一般也会含糊地说出来，比如说我再看看、我回去和家里人商量一下，等等，若是在店里，当着营业人员的面直接说不买的，往往是这几种情况：

1. 的确是不买了。比如是商品情况及价格与顾客的实际需求不符，不过，顾客在说出这话之后心里多少还是有点愧疚的。

2. 故意说的，故意表示放弃购买权，以此压迫店里放出更多的优惠条件。

3. 带点开玩笑的味道逗逗营业人员的，试探营业人员对自己的态度是不是完全建立在购买的前提下。

4. 这话还有下半句，例如今天不买了，明天再来。性急的营业人员只听到前半句的时候，就开始变脸了。这脸一变，直接把顾客的后半句话给憋回去了。

也就是说，顾客即便说不买了，也不是完全不买了，还是有机会的，若是营业人员真当成不买了，直接放弃，那就真的一点机会都没有了。那么，作为营业人员，应该怎么面对顾客这个"不买了"呢？

一、心理准备

任何一个顾客，会在任何一个节点上说不买了，甚至是抬脚就走，这都是正常的，作为营业人员，首先要有这个心理准备，不至于在顾客突然说出时，出现表情和语气失控的情况。

二、自我控制能力

营业人员的语言、语气、脸上的表情，都要在自己的控制之下，尤其是在顾客的购买意愿出现转折的时候，不能因为自己心里的失落，就直接在表情上显现出来，做生意，这点城府还是要有的。

三、类型判断

顾客说不买了是存在几种可能的，营业人员在接话时先要从正面的类型开始接话，也就是先假定顾客是不是在开玩笑，或是想拿到更多的优惠。也许，顾客只是刚说出前半句话而已，还有后半句话没来得及说呢。

四、不买的背后是什么

交易达成的背后，是对接了需求，顾客之所以不买，也许是营业人员没有深入全面地了解顾客的需求，或是没有很好地解答顾客所提出的疑问，或是没有把话说到顾客心里去，或是还没有让顾客在性价比上觉得划算。总而言之，营业人员自身是有一定责任的。所以，在顾客说不买时，营业人员要迅速自我检讨，回顾自己刚才在与顾客的沟通过程中是否有哪些工作没做到位？有哪些情况没有了解到位？有哪些话没说到位？并且，可以主动向顾客表达出来。当然，这话说得要有点策略，比如：

1. 抱歉啊，我刚才有点急，有些情况还没来得及和您介绍全面。

2. 我这刚来上班，产品专业还不熟悉，与您的需求可能还没对接上，这样，我们再梳理一下。

3. 这样，我的产品知识有限，我来请我们的店长给您介绍下产品。

通过这些话术，尽量争取些回转的机会。做销售工作的，不能说顾客不要就放弃，而应尽量争取些机会，哪怕是一丝残存的机会。

五、另外一种机会

即便这个顾客今天的确是不买了，但是，这不代表他明天不会再来，不代表不会给他身边的人介绍生意。所以，从长远考虑，只要是进店的顾客，都是长远的顾客，不要纠结今天买不买的问题，而应开放一些、大气一些，来的都是客，主动向顾客说些让顾客下台阶的话。比如：

1. 没关系，买东西就要多看看多比较，货比三家不吃亏嘛。

2. 买不买没关系，既然来了就多了解些产品知识，以后再买的时候也把握得准确些。

3. 我给您拿点产品介绍资料，您今天忙，带回去抽空再看看。

第50讲　当顾客说过两天再来时

顾客说:"我过两天再来……"在门店生意的接待过程中,这句话常听到,从字面意思上来看,今天是不买了,也许过几天之后再来看看。但是,稍有些经验的营业人员都知道,实际情况是这顾客往往再也不会来了,这句话也就意味着沟通的失败,顾客即将离店而去。营业人员难免有些失望,甚至还会把这种失望的表情挂在脸上,接下来也就是简单地圆个场,估计连送下顾客的心情都没有了。

其实,别这么直接下定论,直接判断该顾客已经没有价值了,客观地来分析下,这里面还是有些挽回的余地的。

顾客说"过两天再来",这话其实没说死,没直接说再也不来了,在这句话的背后,可能有三种情况:

1. 顾客真的是过两天再来,今天的确是有别的事。尤其是在顾客接到一个电话后或是身边同行者提醒顾客接下来有件什么事要办时。若的确是今天没法买了,顾客往往会解释一下今天不买了或是不深入沟通的原因,并且会具体说明几天后再来,且离店的动作也很快,毕竟是真有事嘛。请注意,顾客解释原因的时候,应该是表情很正常,神态也很坦然,因为事情是真实发生的,自己也的确打算过几天再来。

2. 顾客有购买意愿,但是对价格方面还是有些意见。这时,故意说过两天再来,今天要离店,意味着可能还要再考虑下,或是这两天要到别的店看看,以此压迫一下营业人员释放更好的条件出来。若是这种情况,顾客嘴上说过两天再来看看,但说出来之后,明显在等待营业人员的反应,并且,也没有马上离店的动作,就是在等待营业人员的反应。

3. 顾客基本已经确定不在这家店里买了,但觉得店里的营业人员接待了自己这么久,有点不好意思,不忍心直接说不买,也算是给店里的营业人员一个面子,给大家一个台阶下。

若是这种情况，顾客心里多少有点愧疚，往往会赞扬一下门店或是营业人员的服务，并且面带笑容，当然，这个笑容也是配合语言装出来的。

无论哪种情况，营业人员都不应该直接放弃，顾客说要走，要过两天再来，可千万别直接回应说："那您慢走啊，欢迎下次再来。"这就等于把顾客直接往外赶。

首先要进行判断，通过顾客说这话时的配套内容、表情和动作，初步判断是哪一种情况，然后迅速采取对应的挽回策略。

首先，顾客在说出过两天再来这话之后，只要不是立马拔腿就走，就说明还有机会！以下几点策略，可轮流使上：

1. 营业人员表示："那我给您拿些资料，这两天您有空还能看看。"然后请顾客稍等一下，自己去拿资料，稍微把顾客拖住。只要顾客还能停留，等着拿资料，就说明还有戏。

2. 把产品资料交给顾客后，营业人员可主动告知："这资料您先看看，若是有看不清楚的地方，随时给我来电话，这是我的名片。"同时，顺着这话再说下去："再有，产品行情可能会有一些变化，这样，您留个联系方式，最近几天若是价格方面有什么变化，我好及时告诉您。"如果顾客肯留联系方式肯定是最好，后期可再跟进。当然，也会有顾客就顺着这个话题说道："不如你今天就把价格给我放到位，免得大家夜长梦多。"这就直接说明顾客是在等营业人员释放条件。

3. 营业人员可与顾客再一次核对顾客初步选定的产品型号，然后主动表示："我帮您看下库存情况，数量是否够，最近货走得比较快，有些款型厂家只生产这么多。"这句话也是间接在暗示顾客，别再纠缠价格了，没准你选定的这款产品库存很快就没了。

4. 话说到这个分上，若是顾客还没走，而且能保持与营业人员的沟通，那就赶紧递个凳子给顾客，引导顾客顺着凳子下台阶。营业人员可主动说："本店刚开没多久，有些工作还没到位，很多方面还没能让您满意，对我们店里的产品和服务有什么意见，还请您多多提出宝贵意见啊。""我刚调到这家店（千万别说自己刚入职），有些情况还不熟悉，顾客接待工作还做得不够到位，也没什么套路（暗指其他门店的营业人员有套路对付顾客），请您见谅啊。"

　　营业人员主动说自己的门店或是自身有些问题，其实就是在顾客面前主动让一步，防止因为接待沟通工作不到位，导致顾客不爽而不买。在说出这些话之后，若是顾客没反应，仍然坚持要走，或是很客气地回应说都挺好的，那就麻烦了，那这个顾客估计是很难拉回来了。若是顾客能带着教训和指导的语气说出个一、二、三来，这是好事，说明顾客的确是有点意见，现在开了个口子，让顾客把不满释放出来了，也给足了顾客面子。然后，营业人员赶紧接上话："您说得非常到位，顾客永远是我们店里的老师，站在您的角度，的确看出了很多我们自己看不出来的问题，我们的很多工作的确还不到位，今后一定加强学习，努力提升！这样，您的采购计划在条件许可的范围内，我尽量为您争取一些优惠条件。"

　　总而言之，顾客说过两天再来，这话就是没说死，还算是留了个活口，作为营业人员，切忌直接放弃，不争取肯定是没机会，争取一下再给顾客一个台阶下，完全可以把顾客过两天再来的采购计划直接提前到今天就给落实下来。

第六篇

內部管理

第 51 讲 店员的价值在哪里

开店做生意,自然要聘请店员,最好还得请熟手、请高手,可是,各位老板想过一个最简单的问题没有,就是为什么要花钱请这些店员?

最简单的理由就是得靠这些店员去卖货啊,去促进销售啊。没有这些店员,尤其是优秀的店员,哪里能出销售业绩呢。不但老板这么想,店员也会这么想,店员也会认为,我来这家店里就是来卖货的,这店里的销售业绩都是我一点点做出来的,甚至会认为,要是没有自己,这店里哪有这么好的业绩云云。

有价值的事情大家才愿意花钱,店员的价值是什么?卖货?其实,换个角度看一下,店员的价值不是卖货,而是弥补门店和产品本身存在的问题。

为什么这么说?

任何一家门店,都有三个最基本的组成:门店本身(包含店址、装修、硬件设备等因素),产品(包含品牌、质量、功效、市场活动等因素),销售人员(店里的老板和店员)。从理论上来说,若是门店地址优越,装修到位,设备精良,产品品牌知名度高,质量可靠,功效显著,市场活动的预算充足,方案完善,那自然是最好。可是,同时符合这些条件的门店没有多少家,反过来说,任何门店本身或是产品本身,必定存在这样或是那样的问题,可能是店址有点偏僻,装修简易或是陈旧老化,硬件设备不齐全或是等级不够,产品有可能存在品牌知名度不高、包装不好看、价格偏高、功效不明显、促销活动力度不大,等等。这些问题都会阻碍销售工作,也会让店员产生生意不好做的感觉。

总而言之,每家门店或是每个产品本身,必然存在这样或是那样的问题,这些问题要么是先天性的,要么是处理起来成本太高,从现实角度来说,只得带着这些问题来做生意。

而店员存在的价值,就是用其个人的力量,弥补门店和产品所存在的问题！若是门店的地段足够好、产品足够好、品牌够大、价格便宜，那还需要店员费口水推销吗？还需要想方设法留住顾客吗？想必都不需要了，店里只要安排收银员管收钱就行了。门店和产品本身足够强，店员的价值自然就不那么重要；反之，门店和产品本身存在问题时，店员的价值才会突显出来。

作为店老板，也可考虑这种店员的价值所在（弥补门店和产品本身存在的问题），并把这个道理提前告知店员，也就是提前告诉店员，门店和产品本身是存在一定问题的，之所以请你（店员）来，就是希望通过您的个人力量弥补当前的这些问题。例如，门店装修不那么到位、顾客进店后的留店时间短，所以希望店员的沟通能力能起到留客作用；产品的品牌没有知名度，顾客难以产生信任，所以希望店员的个人表现能力能让顾客先对店员个人产生一定的信任度，从而避免产品品牌不足的问题；产品的概念较新，顾客难以接受，所以希望店员通过自身的专业度讲述，引导顾客对产品及相关专业有一定的深入了解，化解购买障碍。当然了，若是店和产品本身都非常强的话，也就没有请人的必要了。

这个道理之所以要提前和店员说，是防止在后期的营业工作中，店员认为店里存在许多问题，从而成为其后期强调生意不好做的理由。若是在招聘时提前说清楚这个道理，并主动提出门店和产品本身当前存在的诸多问题所在，这样，在营业过程中出现问题时，也能及时引导店员在自己身上找原因，毕竟，店员的价值就是靠自己的能力弥补不足或是解决问题，已经工作了这么久，还有这么多营业问题，那是不是说明自己的个人能力还存在一些问题，或是还没有发挥出来。

第52讲 导购培训体系真的到位了吗

有点规模的零售终端企业,若是问他们导购的工作成效怎么样,大多数人会摇摇头,说产出率不好,流失率也高,每年的总体成本还挺高的。若是再问是否有对应的导购培训体系,估计又会说,有啊!我们有完整的导购培训体系、有完整的教材、有定期的培训、有专职的培训师,还有对应的考核体系,在导购的平常工作中,也有多种形式的监督机制。导购也分了等级,也有明确的晋升体系,再说了,我们公司给导购开的工资也不低啊。总而言之,针对导购的培训和管理,该有的东西我们都有了!

要是从表面上来看,貌似是健全了,该有的内容似乎也都有了,公司里的导购管理人员也挺专业的,什么都知道,什么都懂。但是,针对导购的培训和管理系统真的健全了吗?真的到位了吗?真的在发挥作用吗?非也!

在笔者接触过的各类型企业导购管理体系中,九成以上的导购培训和管理体系只是有个基本框架和一些表面的东西而已,里面很多内容还是东抄抄西抄抄弄来的。严格来说,缺的东西太多了,或者说,当前许多公司认为的导购工作绩效差,并非仅仅只是市场原因,或是导购个人的原因,而是因为针对导购的培训和管理体系没到位,在这么糟糕的管理体系下,必然造成导购有糟糕的表现。也许在生意好做的时候发现不了这些问题,一旦市场环境不佳,竞争激烈时,这些问题便马上暴露了出来。

那么,较为完整的导购培训和管理体系大体包括哪些呢?

首先我们得明确一点,针对导购,公司所要解决的问题主要是两个:会不会干的技术问题,想不想干的态度问题。培训主要是解决技术层面的问题,而管理则是解决员工工作态度和稳定率的问题。只有将培训和管理这两者结合起来,才能确保导购发挥出其工作价值。那么,导购的培训系统究竟包括哪些环节呢?

一、是否有研发

是否有专门的部门或是专人，进行导购培训技术的研究工作。导购的培训和管理需要一定的技术含量，需要对应的专业人员来专职进行研究开发工作，若是没有专业部门或是专人负责整个研发工作，必然会采取东拼西凑的办法来进行材料准备，接下来的质量可想而知。

二、培训内容的性质划分

导购的培训可基本划分为两大类：一类是基本知识类，包括产品知识、相关的专业知识、基本销售话术、销售工具运用等，相对较为简单，死记硬背都能学会。还有一类是销售技术类，这个就复杂多了，包括消费者心理学、顾客识别技术、接待流程、沟通策略运用、现场环境营造、意外情况应对等方面。

严格来说，基本知识和销售技术是两回事，需要进行整合。可是，许多公司对导购的培训仅仅只是基础知识加一些销售话术而已，压根就没有进入到销售技术这个范畴，到现在仍然有导购管理人员认为，销售话术就是销售技术。

三、培训的次序设定

导购要学的东西很多，这就需要进行内容次序设定，一环扣一环，不然就乱了。但是，在现在的导购培训中还很少考虑到内容次序的设定问题，往往逮到什么课程就上什么课程，导致导购在技术学习中没有层次，没法前后承接，使得学习效果差。

四、内容的细致程度与涵盖面

虽然说很多导购管理人员都坚持认为培训的内容已经很全面了，但客观看来，与实际的技术需求还差得远，或者说，培训的技术范畴还不能覆盖到导购在实际工作中所面临的问题。也就是说，导购本来需要50门技术，而只提供了20门技术，当然会让导购人员产生培训没用的感觉。这里我们列举几个最简单的例子，看看各位导购管理人员是否都将其编入教材了：

1. 导购是如何得罪顾客的。
2. 如何识别顾客的肢体语言。
3. 如何识别顾客的假话与反话。
4. 如何在几秒钟之内识别顾客的购买意愿与当前心情。
5. 各种不讲道理乃至变态的顾客应对策略。
6. 导购进入卖场之后，除了常规的进场和交接手续外，在卖场这个环境里如何生存，如何与卖场的管理人员及竞争品牌导购相处，等等。

五、通俗化、轻松化

导购的文化水平有限，学习耐心也有限，若是培训教材及授课方式枯燥无味，估计也就没什么学习兴趣了。所以，培训内容本身不但要全面丰富，而且还要进行通俗化、趣味化的改写，确保导购们能在轻松愉悦的氛围中进行学习。简单点来说，一场针对导购的技术培训，如果不是掌声笑声接连不断，就不是好培训。

六、配套的技术手册

千万别指望导购的记性有多好，也别指望导购的现场笔记的记录内容有多全，按照不同的主题内容，直接配发文字版（最好是图文并茂）的技术手册非常有必要。

七、配套执行工具

导购学习到的方法在具体执行中还需要转换，通过自己的语言和行为使用出来。不过，这一转换就有可能变形，或是有些导购压根就不愿意费这个劲来进行转换，所以，还得配套相关的执行工具也就是销售辅助工具，包括各类检测工具、展示模型、试用工具、接待工具、客情工具等。这些工具有设计研发吗？有配发到位吗？

八、持续的更新与完善

市场是在持续变化的，消费者在变，竞争对手也在变，新的问题会不断地冒出来，这就需要培训体系也要进行对应的更新与完善。那么，谁来负责研究和跟进这些变化呢？针对这些变化，该如何进行更新和完善？具体的更新和完善工作流程又是怎么样的？又要通过什么样的机制，确保这些更新和完善的内容能传递给导购？

一般来说，导购培训教材的有效期只有三个月，也就是说，每年至少要进行四次的教材版本更新，不过，大多数公司的导购教材往往是一个版本用几年，与市场的实际情况已经脱离，实际上已经成为死教材了。

九、落地使用的跟进

导购实际学得怎么样？是否都用出来了？

传统的办法就是考试，以考试成绩为准，或是干脆以业绩为准，这两种做法都存在问题。若是以考试成绩作为衡量标准，导购在学习时只是关心是否能应付考试，在通过考试之后往往就会扔掉教材，再没兴趣去学习了。若是以业绩为衡量标准，导购往往会轻视学习，试图用自己认为有效的办法来做销售，甚至会认为，参加学习就是浪费时间，不如让我去卖货。

严格来说，得有专人跟进导购在学习之后实际的消化吸收情况，尤其是在终端的运用情况，对于理解不到位或是运用不佳的导购，还得深入分析原因，是教材内容的问题、教学方式的问题，还是个人意愿的问题。

如果导购的培训体系缺乏这些构成点，即便给导购进行培训也很难保证导购能学得进去、用得出来，而且，导购也会感觉在实际工作中该说的话都说了、该做的事情都做了，但顾客还是不买，这培训也没啥用。

而从公司导购管理人员的角度来说，一旦认为自己的导购培训体系已经到位了，便会产生满足感，继而导致自我封闭，停步不前，不太可能持续深入地研究和更新，更不能接受来自导购的批评意见，要么强调我们的体系很健全，要么强调当前的生意不好做、竞争很激烈，要么把责任推卸到导购身上，直至形成恶性循环。

第 53 讲　店员管理体系到位了吗

专卖店里最宝贵的资产是什么？不是品牌不是货，而是店员！是优秀的店员、稳定的店员。毕竟，专卖店里的货是靠人卖出去的，而不是自动卖出去的。

可是，找 100 个老板过来问问这店员的管理情况，估计会有 98 个老板说：

"现在的营业人员不好找啊。"

"找来了不好好干活啊。"

"自身水平差，还不肯认真学技术。"

"优秀的店员留不住啊，要么被挖走，要么自己开店去了。"

再说下去，老板们就该说到现在人心浮躁，这些"90 后"员工太不成熟，工资成本一年比一年高，生意不好做，竞争太激烈云云。

问题必然有原因，孩子有问题，根源必然是在家长身上；员工有问题，根源也是出在老板身上。老板们真的有本事管理好员工吗？虽然有些老板在经营上很成功，但是，经营和人事管理是两种截然不同的专业技术，经营得好，不代表人事管理也能做好。从技术复杂程度来看，人事管理的技术难度往往大于经营的技术难度。

当然了，人事管理工作涉及面重要，绝非一两篇文章能说完，这里，我们只是探讨一下人事管理的体系结构建立。

一台发动机的运转，是多个零件共同作用的结果，员工效能的发挥及稳定，也是其背后一套人事管理体系在发挥作用。人事管理是项系统工作，要由多个模块多个环节的共同运作产生多个作用点，才能实现对员工的有效管理，仅仅在某几个点上做出些调整，或是通过一些喝鸡汤打鸡血的激励措施，最多只是短暂表明效果。

那么，针对专卖店的小型人员管理工作，这么一套人事管理体系的结构是由哪些模块所构成的呢？

一、组织结构

也就是店里最基本的人员结构设置，分设成多少个岗位、岗位之间的层次关系，以及每个岗位上有几个人。

二、未来人员需求表

即便当前是满编，也要提前想到在未来发展的过程中会增加的新岗位或是某岗位员工数量的增加。一般来说，至少要做未来一年和三年两个长度的未来人员需求表。

三、人员管理方向设定

人员管理一般有两个方向的设定：一个是尽量稳定员工；一个是不强求员工的稳定，而是强调新进员工的快速上手。

四、招聘

具体怎么招聘？在哪里招聘？招什么样的人？招聘广告怎么做？面试怎么谈？如何综合评估分析？

五、岗前

所谓岗前，就是新员工面试后基本确定，但还没正式来店里上班的这段时间。在这段时间里，要安排新员工去做什么？要学什么？要磨合什么？要观察什么？总而言之，这是为后期的平稳入职打好基础。

六、入职

确定来上班的时候，具体怎么办理入职手续，尽快熟悉情况，掌握基本知识，融入现有员工队伍，以及试用期的安排。

七、岗位安排

什么样的员工，安排在什么样的岗位是最合适的？如何测试和评估？如何确保每位员工的自身特点与岗位要求之间的最佳匹配度。

八、工作标准

每项工作都是有标准有流程的，没有标准就乱了，在员工开始工作之后，店里必须提供所有工作的成型标准，员工接下来要努力的方向，就是先符合店里的既定要求标准，后期再考虑超越这些标准。

九、在职培训

员工入职时不可能是完全的熟手，总要有一个学习培训的过程，同时，店里本身也在不断地前进发展，新的产品、新的销售模式，也需要员工保持学习。那么，员工究竟该学习些什么？谁来教？教材在哪里？如何评估学习效果？如何跟进学习之后的落地运用？

十、晋升

新员工的入职级别较低，收入也较低，但随着工作年限的增长，或是工作成绩的提升，总要给员工晋升的空间。那么，晋升之前究竟要进行哪些方面的自我提升，不同级别的晋升标准又分别是什么，都要提前向员工说清楚。

十一、平衡

人非草木，人人都有情绪，情绪是波动状态的，时而兴奋、时而消沉，有时候觉得自己的工作还不够努力，有时候觉得老板赚得太多，自己的付出和回报根本就不成正比，有时候很喜欢当前的工作氛围和同事们，有时候又想着跳槽甚至是自己创业。这就得有对应的平衡机制，来平衡或调节员工的情绪，确保员工能稳定在一种正常的状态中。

十二、管理者的自我提升

管人不是管机器,也不是简单发号施令那么简单,而是需要管理者本身具备一定的技术策略和应变性。作为管理者,还要根据外部环境因素和员工的动态变化情况,保持对自己管理技术的持续提升,不能出现导致员工反感抵触,或是得罪员工的状况。

十三、技术收集

员工在实际工作中多少会总结一些经验技术或是教训,这些往往会变成员工的私人技术资产,得有套机制让员工把这些技术经验都贡献出来,变成公司里的技术资产,并纳入培训体系中。

十四、稳定

在员工表现正常的前提下,当然要考虑到员工的稳定问题了。那么,造成员工不稳定的因素有哪些?如何解决?同时,还有哪些手段可以增强员工的稳定系数?

十五、安全

所谓员工安全,分别指两个方面:一是员工自身的人身安全,一是员工对店里有可能存在的不安全因素,例如泄露经营信息、偷盗、与顾客发生纠纷、举报等。安全管理更多的是从预防的角度防止这些不安全事件的发生,以及发生之后的对应处理流程。

十六、监督

毕竟员工没有那么自觉,老板也不可能天天盯着员工干活,这就需要有一套机制,能保持对员工工作状态及过程行为的监督。

十七、激励

古语有曰"激励能使猪上树",更何况人乎,从实质上来说,激励就是开空头支票。这支票怎么开？谁来开？如何让员工相信这张支票是可兑现的？若激励操作不当，就会被员工认为是忽悠。

十八、离职

天下没有不散的宴席，员工不可能在店里干一辈子，所有的员工，最终都是离职员工，那么，走也要好聚好散。离职手续怎么办理、如何减少离职员工对店里生意及员工队伍的影响，以及对离职后员工的安全管理，也要有套对应的体系。

管理是一套系统，要想从根本上解决人事管理问题，就要搭建这么一套完整的系统。当然了，也许没有办法一步到位健全系统，但是，至少主要的框架结构要有、基本的内容要有，先把框架建立起来，后期再持续完善和提升。东一榔头西一棒子的人事管理做法，必定会把局面搞得越来越混乱，过于依赖各种激励措施的，也是治标不治本，员工也就兴奋一段时间，透支员工的热情和精力后，很快又会恢复原样，而且还会把员工的胃口搞得越来越大。

第54讲 店员与技术的分离

大卖场是顾客自助式服务，顾客自己选货自己去结账，店员的服务不是那么重要。而专卖店则是营业人员全程陪同服务，简单点说，专卖店的生意成交是靠营业人员做出来的。

作为营业人员，之所以能把这单业务做成，主要是靠自己的职业技术。从理论上来说，技术水平越高，业绩就会越高，营业人员自己的收入也就越高，从这个角度来说，作为营业人员应该主动学习提升相关的职业技术，这对自己及所在门店都是有益的。

老板们也知道这个道理，所以对营业人员的职业技术还是很关心的，在招聘时，肯定会很关注营业人员的前期技术学习和积累情况，还会以此核算营业人员的等级和工资标准，在营业人员入职后，也会安排各种学习培训的机会。总而言之，老板希望营业人员通过加强学习，掌握更多的职业技术，并且有效地运用在工作上，从而提升业绩，实现门店和营业人员个人的双丰收，实现学习提升与业绩发展之间的正面良性循环。

若单是从理论角度来看，这种模式并没有问题，但是，在实际运行中却不是这么简单的。因为在传统的员工培训模式中，是将员工与技术整合在一起的，强调的是员工学习和掌握到了哪些技术，也就是这些技术是积存在员工自己的脑袋里的，老板对员工脑袋里的技术内容缺乏足够的结构划分和内容量化。这就会带来几个问题：

1. 每个岗位的员工究竟应该掌握哪些职业技术？
2. 各类职业技术之间的关系结构是怎样的？
3. 每类技术究竟包括哪些内容点？
4. 如何量化每个员工的实际掌握程度？
5. 如何确保员工对技术学习的进度？
6. 如何衡量员工对所学技术的运用率？

7. 员工的业绩不佳时，究竟是所学技术本身没有效用，还是员工压根就没有用？

通俗点来说，就是员工究竟该学什么？学得怎么样？用得怎么样？这些情况没有办法量化，反正就是不断在学习，老板也一直在学习上进行投入，但很难量化学习的产出，有些老板看不到明确的学习收益，必然要减少对员工学习的投入，这又会导致员工的学习效能难以提升，陷入新的恶性循环。再者，如果门店要发展，要开更多的新店，仅仅靠当前这些员工是不够的，完全靠传统的培训学习或是传帮带模式来教新员工的方法也跟不上发展的需要；同时，对员工的培训学习工作也需要耗费大量的时间。那么，怎么解决这个问题呢？这就需要我们突破传统的思维模式，打破员工与技术整合在一起的传统模式，把员工与职业技术进行分离，员工是员工、技术是技术。

对于员工，总体上降低要求，诸如：

1. 员工只要具备基本的阅读理解能力即可。

2. 员工只要具备基本的执行能力就好，按照标准方案和流程执行即可。

3. 原则上不指望员工的主观能动性和主动学习能力。

4. 不指望员工的创新能力，能照章使用当前的既定技术方案即可。

5. 不指望员工能在自己的脑袋里积存多少技术方案。

而在技术方面，则要加大投入，并且形成一定的体系，诸如：

1. 设定各类岗位的技术结构图。

2. 每个岗位所对应的各类技术，具备对应的分主题技术手册。

3. 每个技术手册的内容应足够细化，并使用图文并茂的形式讲述清楚，阐述清楚所有的流程与标准，告知相关背景和价值意义，并说明相关的操作要点、相关事故的预防和解决办法，能配上案例的尽量增加案例说明，便于员工理解吸收，实现新进员工只要按图索骥也能基本执行。

4. 为了强化员工的实际落地效果，防止出现学习的技术与使用的技术之间出现偏差，可增加销售工具的运用。技术方案在每个人的思维理解中都存在差异，而统一配发的实物销售工具是固定的，在避免营业人员出现理解偏差的同时，也能避免单一的说教式销售，尽可能进行工具化销售。

总而言之，老板对职业技术要单独进行投入，这个投入不是投入在员工身上，而是投入在这个技术手册的编撰和销售工具的研发上。今后，无论是员工的学习，还是老员工带岗新员工，都得以既定的岗位技术结构为框架，以各类技术手册为准则。这样的好处有：

1. 清晰量化所有岗位的职业技术结构，迅速让每个员工清晰直观地看到自己究竟需要掌握哪些技术。

2. 可以将学习过程进行全程量化，直接看到每个员工正在学习什么，学习到了什么程度。

3. 在有明确技术说明的前提下，学习速度将会快很多，并且还可以实现岗前培训，大大节约门店的员工培训成本，并为未来生意扩展的大量员工复制培训打下基础。

4. 对于员工来说，相关的技术不再是模糊的概念，而是具体而细致的方法说明，使用时照单执行即可。

5. 老板考核员工也就简单多了，在员工业绩较差时，可以从量化角度分析员工是否依照既定技术方案在执行（可将现场监控录像和沟通录音作为分析依据），若员工已经按照既定技术方案来执行，仍然没有效果，那就是外部客观原因或是技术方案本身的原因，与员工无关；若是员工压根就没按照既定技术要求执行，那就是员工自身的责任了，或者说是工作态度问题了。

6. 若是员工自身较为积极，在既定技术方案的基础上，能够主动地进行深入延展和创新，当然要给予鼓励，并将员工所提报并验证过的有效技术方案填充到现有的技术方案库中。

7. 长此以往，店里就等于在积累一个越来越丰富的技术方案库，这个技术方案库的技术总容量，可以覆盖绝大多数营业问题，并有大量的技术方案可以直接提升营业人员的工作效率。更为关键的是，这些技术方案并不是分散地存放在员工的脑袋里，而是集中掌握在老板手里，不会因为员工离职而流失。

总而言之，这种模式就是把员工和技术分开，不指望员工带着技术入职，也不指望员工在工作中能自行学习提升。而是把员工需要使用到的技术方案都白纸黑字地写出来，让员工按图索骥，照单执行，若有空缺，进行填补，若当前技术方案的使用效果不佳，再深入研究更新。毕竟，开家店做点生意，不是什么高科技行业。

第55讲 对店员的工资投入

新开的专卖型门店，老板对地段和店内硬件及店内装修方面的投入越来越大，门店风格也越来越时尚、越来越豪华。当然，装修得再豪华，最终也是为了卖货。但是，只要店里的商品还没到足够紧俏的程度，所有的豪华装修、硬件投入、一流地段等因素都是次要的，都是表皮。因为，专卖店销售工作的核心是先卖人、再卖货，也就是说，店员的工作态度及职业技术能力是核心，也是前提。

所以，在门店的各类投入之中，比装修、硬件、房租更为重要的投入就是对店员的投入。这里所指的投入，包括对店员的招聘、技术培训、日常管理、薪资、工作及生活环境等方面。综合在一起，形成完整的人事管理体系，全方位地解决员工想不想干的态度问题，及会不会干的技术问题。不过，有些门店老板却不这么认为，觉得门店的投入重点是在房租、装修和硬件方面。至于店员的投入，主要就是薪资，而店员的薪资应该是先有业绩，给店里带来利润，然后再从店里的总体利润里提取一些出来，以销售奖金的名义分配给员工。所以，有些老板在新店刚运行的阶段，仍然会采取低基本工资、高奖金高提成的薪资模式，目的是以此激励员工，通过员工个人对薪资的争取，从而带动门店的生意。

这个算法在理论上是没错的。但是，现实情况可不是这样，新店刚开，还没有积累起足够的顾客群体资源，品牌知名度也许还不高，当地消费者对产品可能还不熟悉，也许进店顾客数量也不少，店员的接待工作量大，但实际成交往往很有限，店员的奖金也就提不起来。收入低了，在工作态度上就更加没保证了，也没兴趣参与一些销售技术类的学习了，因为缺乏足够的工作态度及销售技术，又会导致更为糟糕的销售业绩，这就形成了一种恶性循环，也许还没等到新店营业进入到正常状态，第一批店员就走得差不多了。

所以，老板们在员工的工资问题上要换种思维模式：

1. 在新店开张阶段，即便门店销售业绩很差，也得确保员工有足够的收入，不能受销售业绩的影响，甚至不能与销售业绩挂钩。

2. 在传统的薪资概念中，工资是双向的，员工有业绩贡献，老板有对等薪资，并且是员工做出业绩在先，老板给予奖励在后。但当前无法确保业绩，老板只能进行单向先行付出，即在员工没有业绩贡献的前提下，也得给员工足够的薪资。当然了，这种投入是具备一定风险的，所以叫单向风险投入。客观来说，选择门面、选择产品和品牌、投入装修和硬件，也都是有风险的。

3. 奖金导向的设定。传统的奖金导向设定往往与业绩挂钩，在没有业绩产出的前提下，这个奖金就得重新进行设定，比如进行过程工作设定。所谓过程工作，就是达成业绩之前的相关工作，例如门店现场管理、销售技术学习、顾客接待、产品介绍、主动增值服务、对工作指令的执行力等，这些事情虽然不能直接产生业绩，但相对于后期的业绩结果来说，都属于过程，只要员工把这些过程类的工作做好，照样可以拿到相对应的奖金收入。通俗点来说，即便没有销售业绩，只要店员把进店来的顾客招呼好了，就照样有奖金拿。

当然了，单从人事角度来说，在没有业绩产出之前，却要维系较高的薪资待遇，这肯定是亏的。但是，从整店运营的角度来说，这在新店开张的阶段是正常的，也是必须投入的一部分，甚至是比硬件投入更重要的一部分。老板花费这些投入，目的就是稳定员工的工作状态，提升工作积极性，做好相关过程工作，大家共同度过这些业绩低迷的阶段。同时，眼见着店里没有什么生意，老板还能维持较高的收入，这心里多少有点对老板的愧疚，对于调和劳资关系、提升对管理的顺从性方面，也有个很好的促进作用。

第56讲 换个角度看待店员的考核方式

客观来说，门店运营的每个环节都会涉及顾客的感受，都会最终影响到生意。对于老板来说，更多的则是关注业绩和利润，虽然也知道需要有前期的基础工作，也知道要先有过程才有结果，但是，在门店生意刚启动的阶段，得先解决生存问题，也就是先抓业绩，其他的也就顾不上那么多了。

老板的重心在业绩上，自然也就会要求员工把重心也放在业绩上。本着"钱在哪里，心在哪里"的考核原则，老板对店员的考核绝大多数和业绩直接挂钩。从表面上看起来很简单，店员们把业绩做起来，这样的话，老板有钱赚，生意能发展，店员也有相应的收益，好像很不错。

事实真是这么简单吗？非也。

首先，店员当然看重自己的收入，老板要考核业绩，并且与自己的收入挂钩，店员肯定是直奔业绩而去。在接待顾客的过程中，店员最关心的就是顾客今天买不买，若顾客只是看看，并没有多大的购买意愿，店员会马上丧失热情，若再有新顾客进店，估计就得说上一句："那您先随便看看……"然后就赶着去迎接新顾客了。看起来店员每天都很忙，忙着接待顾客，但成效却不高，业绩总也上不去，为什么？因为顾客不高兴了，为什么？因为顾客没感受到良好的服务，没有良好服务这个过程的支撑自然也就没有购买的结果。

当前顾客的购买行为，是有三种基本情况的：

1. 顾客拥有足够的选择权，店多、同类商品多，实体店有、网点也有，当顾客有足够选择权的时候，必然会很挑剔，会进行多方面的比较，非常在意自己的过程感受，稍微不爽，走人！

2. 进店的顾客不一定是今天急需购买，这次只是来随便看看，形成一个记忆点，下次有需要时再来买。

3. 除了急需商品外，很多商品在顾客看来都是可买可不买的，开心就买,不对胃口就走。

基于这种情况,作为店家,应该先把过程工作做好,也就是接待好顾客,先把店员卖给顾客,当顾客已经建立对店家及店员的正面认可之后,再转移到商品沟通这个阶段,最后到采购环节。

传统的业绩考核模式,让店员没心思做好接待工作,恨不得让顾客进店就买,结果欲速而不达,反而招致顾客不满,提前离店,店员忙了半天,也没收获多少业绩。当然,这个责任不在店员身上,而在老板身上。

也许有的老板会抬杠,说也要求员工做好过程及服务工作。那么,请问,员工把过程工作做好,老板有单独的奖励吗?老板们辩解说做好服务就会有业绩,有了业绩就有提升啊。别开玩笑了,老板考虑问题是全面的,员工考虑问题必然是单一的,考核业绩员工就抓业绩,若是员工能又抓过程又抓结果,肯定自己创业去了。

说到这里,也该说说怎么解决了,其实很简单,就是分段考核。

在门店的开创阶段,把考核重点放在两个方面:

1. 顾客的进店数量。只要进店就算,这样会驱使店员加强店外的清洁整顿,清除阻碍顾客进店的障碍物,活跃招聘信息,制作特色陈列的设计,在店外区域发单页,到店门口欢迎,等等

2. 顾客的进店停留时间。例如要求停留3分钟就算合格,这又会驱使店员注意与顾客的沟通,强化对顾客的进店接待细节,以及店内的整洁程度。这个停留时间直接反映出店员对顾客的接待水平,接待水平高的,顾客自然要多待一会。

在新店刚开张这个阶段,甚至可以不考核业绩,完全只考核这两个指标。

在门店的营业稳定期,也不能完全考核业绩,而是要拿出一定的比重,放在过程类工作上,也就是放在进店率和进店停留时间这两个指标上。

第57讲　门店事故预案

开门做生意，不只是做生意那么简单，进店的人什么样的都有，疯子、傻子、骗子、要饭的、算命的、收税的、收保护费的、公共安全专家、走错门的、其他店里派过来的探子……毕竟，店老板没有火眼金睛，也没办法站在店门口甄选进店的人。即便正常顾客进店，也不能保证不会发生什么事情。

开店的老板可不想惹事情，但是，你不找事事找你，每天一开门，你都不知道今天这店里会进来什么人，会发生什么事情（事故）。不过，出事就得面对、要解决，处理不当，除了会影响生意之外，还会花费大量的时间和精力，还会有经济损失，还会影响店里员工的工作兴趣。当然，若是能有效预防，或是提前建立针对各类事故的应对处理措施，将能有效提升面对事故时的处理效率，降低各类事故带来的损失。

首先要明确，这开店做生意的时候，究竟会遇到哪些事情。先按照类别进行一些基本的划分：

一、自然灾害类

1. 发洪水。
2. 暴风雨。
3. 严重冰雪天气，路人在店门口纷纷滑倒。
4. 地震。
5. 危险动物进店：毒蛇、大老鼠、脾气不好的蜜蜂、形象不好的绿头大苍蝇。
6. 突然天黑了。

二、社会事件类

1. 游行队伍堵住门。

2. 道路临时封闭。

3. 店门口被挖坑进行地下管道施工。

4. 大人物视察，普通群众被赶走。

5. 马路上的车失控冲到店里。

6. 某类引起围观的事件，导致大量不明真相的群众围堵在门口。

7. 国家领导人或外国首相总统进店买东西。

三、 人为麻烦类

1. 顾客用假钱，且假得太明显。

2. 顾客恶意退货，最可恶的是大清早一开门就冲进来要求退货。

3. 顾客之间意见不统一，吵起来了。

4. 顾客在店里发病，如心脏病、癫痫、低血糖休克、脑溢血、抽筋。

5. 店里冲进来一个疯子。

6. 要饭的乞丐天天来。

7. 公共安全专家在店里抓人。

8. 极端顾客在店门口头扎白布喊冤。

9. 相关部门上门检查，尤其是提前没告知的突击性检查。

10. 顾客带进来一个熊孩子。

11. 有贼进店。

12. 竞争对手派人进店做调查。

四、 水电火类

1. 停电。

2. 停水。

3. 楼上的房间漏水到店里了。

4. 楼上的漏水，滴漏到店门口。

5. 店内弱电系统短路。

6. 店里失火。

7. 隔壁失火。

五、 设备故障类

1. 店里的货架倒了。
2. 电脑死机或资料丢失。
3. POS 设备断线。
4. 发票打印机故障。
5. 收银机扫描枪故障。
6. 店招掉下来，砸到路人。
7. 店里的天花板塌下来了。

当然了，生活往往比戏剧更精彩，在实际的营业工作中，什么样稀奇古怪的事情都有可能发生，这里所列的只是一部分而已，各位老板可在此基础上自行补充增加。

这些事情的出现必然是要解决的，这会耗费店里大量的精力和时间，直接影响门店的形象和生意。并且，各类事故问题虽然都是可以预知的，但不是都可以预防的，例如店里突然冲进来一个疯子……

店里可建立一套针对事故问题的解决机制，争取在预防的角度解决问题，消除事故隐患。对于那些无法预防的问题事故，则健全一个较为完整的处理措施，在事故发生后能有对应的处理解决措施和流程。这个机制的基本建立次序如下：

一、 问题的收集

参照上述问题分类，先把各类问题名目进行收集，按照类别进行基本的划分，可展开想象力，越多越好。

二、 解决方案的收集

以问题分类列表为基础，进行对应预防方案或解决方案的收集撰写。这个活可不是老板一个人的事情，需要发动店里所有人，大家集思广益，根据各自的亲身经验、所见所闻，或向同行打听，通过书籍或是网络收集等方式，进行汇编，不图一定要搞到位或是有多完整，有多少收集多少即可。

对一些暂时没有成型解决方案的问题，也进行一些设计工作，毕竟在平常状态下可以从容地思考设计，而在紧急情况下、慌乱之中，思维断然是没这么清楚的，火上浇油的事情都能做得出来。

还有些配套的机制和相关设备也可提前安排到位，例如店内员工之间使用的内部代码，在某些情况发生时，在不惊动外人的前提下及时地在内部员工之间传递信息。相关的器材也要安排购置，诸如灭火器、急救包、接漏水的水桶、对付暴力人士的狼牙棒等。

三、书面化的记录载体

其实很多老板或是老员工脑子里都有一些突发情况的处理措施和经验，可采取书面记录的形式，分门别类地进行记录，形成店里的《事故预案应对手册》，方便大家共同学习掌握。

四、持续增补内容

事故预案系统的建立不是一劳永逸的，而是一个持续建设的过程。毕竟，看到的、听到的各类事故会越来越多，收集或是设计出来的预防或是解决方案也会同步增加，这些都需要及时收录进《事故预案应对手册》中。在装订上，考虑到内容的不断增加，可做成活页形式，方便添加。总之，这手册要是"活"的，而且是越来越厚才对。

五、保持学习

除了新进员工要学习外，店里的老员工也要定期翻阅这本技术手册，温故而知新。

六、运用与增补

除了通过手册对各类问题进行预防外，在某些事故发生时也可及时将手册拿出，对照相关流程进行有条不紊的处理（不一定指望老板前来亲自处理），提高解决效率，防止出现更大的损失，并可将实际处理情况作为实际案例，增补进手册。日积月累，这本手册将成为店里的技术财富之一。

七、对员工心理上的影响

　　对于员工来说，事故预案手册的建立，持续的内容增加，定期的学习，每次出事时的及时运用，都会在很大程度上让员工对各类事故的发生不再有恐惧、慌乱、回避，或是指望等待的心态，毕竟提前知道店里会出现哪些事故，各类事故如何提前预防，即便事故发生了，也不会六神无主。

第58讲 门店培训体系的设计

在上一篇文章中,我们分析了当前家电门店的技术培训现状。虽然技术培训工作与每一个人都有关系,但是现实情况却是谁都不负责、谁都不管。当然,技术培训工作是项系统工作,不是安排几场培训的事,而是要建立一套较为完善的体系,系统地来解决门店相关人员的职业技术提升问题,为持续的业绩提升打好基础。

店内的培训学习不是没有安排过,但却经常出现营业人员不肯学、学不进去、培训后大量遗忘、学了也不执行、营业人员反映说所学习到的技术不好用、培训学习工作无法长期坚持下去等情况。归根结底,是缺乏整体系统的考虑与设计,想到哪里做到哪里,或是眉毛胡子一把抓导致的后果。各位在设计培训体系时,可参考如下几点,并结合行业和本店的实际情况,设计专属的培训体系:

一、先设定培训工作的几个基本前提

1. 把员工当成完全的生手,从零起步,这样在设计培训内容时从最基础的内容开始,内容方面不要走捷径。

2. 假定员工是笨蛋,千万别指望员工有悟性什么的,只有这样,才能确保培训内容设计得浅显直白,通俗易懂。

3. 假定员工很不稳定,随时都会离职,这样才会积极地考虑培训的效率问题。

二、培训的性质

培训不是简单地提升员工的职业技术能力,而是提升员工的标准化职业技术能力。所谓标准化,是根据门店当前的特性所设计出来的岗位技术标准,培训大家共同遵守已经确定的标准、流程、话术、动作。

三、 岗前培训和岗位培训

所谓岗前培训，就是员工在没有正式入职之前所安排的培训；而岗位培训，则是员工已经正式入职在岗期间安排的培训。综合培训成本、学习效率、员工的学习意愿等因素来考虑，应尽量安排岗前培训。毕竟，员工到岗后，往往容易产生一定的松懈心理，心想反正我已经上岗了，培训学习的事情慢慢来吧。

四、 明确岗位知识结构

所谓岗位知识结构，就是将某个岗位需要掌握的各项知识内容分门别类地整理出来，绘制一张清晰明了的结构图，让员工一看就清楚，自己这个岗位需要具备哪些技术，现在自己掌握了多少，还有哪些是需要学习的。

五、 培训的分级

培训工作可基本分为三类：

1. 新员工入职培训。
2. 在职期间的标准化培训。
3. 晋升提拔之间的深造强化培训。

六、 培训工作的方式

所有的培训工作都属于技术传输工作。技术传输的方法有很多种，现场的培训课程只是其中一种而已。一般来说，比较常见的技术传输方式如下：

1. 现场技术培训。
2. 书面教材学习。
3. 教学视频学习，或是实际接待工作录像回放学习。
4. 现场参观。
5. 培训辅导员一对一示范。
6. 现场模拟演练。

七、个人学习专用记录本

学习肯定要记录，有些学员只是将其记在脑子里，没过几天就忘得差不多了。人的记忆力毕竟有限，好记性不如烂笔头，最好给员工专门配本本子，专门记录各类技术培训的内容。这本记录本，也是定期检查员工学习情况的直接凭证。

八、教材与工具

老师讲得再好，学员也不可能全部记录下来，所以，在每类培训课程实施之后，应制定对应的教材，把老师所讲的全部内容用白纸黑字整理出来，印制成册，分发到每个员工的手上，这样，在培训之后，员工还可以随时将其拿出来复习和强化。

同时，员工在实际运用课程中的相关技术时最好能配上对应的执行工具，所有课程里讲出来的方法都是理论，理论到实际之间还是有距离的，若是有直接的实物执行工具，将能有效地弥补理论与实际执行之间的距离。例如，接待顾客用的流程提示单，门店物品分类管理用的识别标签，仓库货物状态的识别标签，顾客进店用的自动点数器和感应欢迎门铃，门店营业日志，等等。

九、学习的频率

无论什么样的培训形式，至少保持每周一次的学习频率。

十、复训

思想启迪类的培训课程上一次就行了，而操作技术类的课程若只是上一次，实际效果会很弱，按照笔者的经验，操作技术类的课程少于六次的复训，就很难真正进入员工的脑袋。

十一、学习兴趣的培养

新进员工对技术学习都有兴趣，可越往后越没兴趣，即便安排培训课程，也没兴趣听下去。这不是员工自身不想成长，往往是培训课程缺乏对员工学习兴趣的考虑，那么，员工的学习兴趣要从哪几个方面开始培养呢？

1. 培训前的充分调研，确保相关内容能有效对接员工在工作中的实际情况和需求。
2. 大量的案例，特别是员工身边的案例，让大家有亲切感。
3. 技术内容的轻松化和趣味化，毕竟基层营业人员的文化水平有限，要考虑到相关的接受度和学习耐心。
4. 培训课程和技术手册中的图片化和故事化。

同时，尽量减少相关的阻碍因素，例如强令营业人员在参加培训后立即考试，或是动用经济手段惩罚学习进度不佳的营业人员。

十二、落地执行

培训只是过程，最终的落地执行才能体现出技术学习的价值。这里的落地执行可不能完全指望员工的自觉性了，需要监督者的跟进，例如老板、店长或是培训师，在培训之后，对培训中所提及的技术方案，跟进在实际工作中的运用情况，并及时明确责任。若是员工学习以后不在实际工作中运营，这是员工的问题；若是实际运用后发现没取得实际效果，那就得追究课程和技术方案本身的问题了。

十三、双向互动与补充

传统的培训工作是单向的，老师向学员传输知识，其实，培训也可以双向进行，即员工在实际工作中遇到的新问题、经历的新事故、总结出来的新教训或是创新，可及时提报出来，经过提炼整理之后，补充到相关的课程和技术手册中去。做到从实际工作中来，再回到实际工作中去。必要的话，对一些有价值的技术方案，老板可考虑给予一些物质奖励，笔者的店里是按照价值度，给予 50～500 元的现金奖励。

同时，这也是及时肯定和承认员工在实际工作中所创造的技术价值。

员工的问题，说到底就是想不想干和会不会干的问题。会不会干，是技术问题，可以通过技术培训体系来解决；而想不想干，则是工作态度问题，是人事管理体系所决定的。在下一篇文章中，我们简要分析一下门店的人事管理结构。

第59讲　新进的店员怎么培养

店里新来的店员，无论前期是否有本行业的工作经验，在进店之后，相关的技术培训是肯定需要的。这个培训还得主动进行，若是完全靠店员自己学习和摸索，每个人的悟性不一，这时间成本就太高了。

这个道理老板也明白，对新店员的技术培训已经成为门店运营的基本投入之一。不过，常规的新店员培养套路一般是这么安排的：

1. 将新店员交由店里最资深，也就是业务能力最强的老店员来带，也就是传帮带。
2. 培训的内容一般从产品知识开始，后期再涉及一些销售技术。
3. 通常不会设定具体的培训内容结构，也没有培训后的考核指标，往往只是以老店员或是老板的感性评估为准。
4. 每天的具体培训内容，主要由老店员自行决定。

表面看起来，这些常规的培养套路也没有错，大家也都是这么做的。但是，客观地、深入地考虑一下，实际的培养成效非常有限。换言之，就是培养成本非常高。因为，实际情况往往是这样的：

1. 资深老店员真的愿意带新店员吗？带会了新店员对自己有什么好处呢？把新店员教会了，会不会降低自己在店里的存在价值呢？再说了，会做是一回事，会教是另外一回事。
2. 老店员在培养新店员时，往往会刻意放大学习的难度，以此来炫耀自己的技术水平，这会让新店员感到自己在短期内是无法掌握的，从而对工作和未来发展失去信心。
3. 有些事情是没法教的，例如多年以来的顾客资源积累。
4. 若是从产品知识开始培养店员，很容易导致店员出现卖货导向，后期一旦销售情况不佳，必然会抱怨产品、价格或是促销方面的种种问题，而不会在自己身上找不足。

5. 培训内容没有量化，很容易出现培训内容的自由发挥或感性判定学习状态，无法确保对新店员的培养质量。

所以，看起来简单易行的传帮带培养模式，其中隐藏了不少问题，培养效能直接决定了员工的工作业绩，工作业绩决定了员工的收入，员工的收入又影响了员工的在职稳定性。总而言之，要么是正面循环，要么就是负面循环。在新店员的培养方面，建议进行一些结构型的调整：

1. 设定每个岗位的技术结构。无论是营业人员还是收银员，每个岗位应该掌握哪些类别的技术、每类技术的等级情况，都要说明清楚，例如专业知识要学哪些？当地消费者的采购特点有哪些？竞品资料要掌握哪些？销售技术要学哪些？基本的顾客接待流程是什么？基本的销售话术有哪些？都得一一量化清楚，至少得让新员工知道，要想胜任这份工作，需要掌握哪些方面的知识与技术。

2. 先卖人，再卖货。当前的市场环境是产品供大于求，且同质化严重，早就不是单纯卖货的时代了，现在是先卖人再卖货。所以，培养员工，也应该迎合市场，建立这个导向，引导新店员先把自己卖掉，争取到顾客对自己在个人层面的认可度之后，再来谈卖货的事情。

3. 个人仪表。基于先卖人再卖货的导向，培训内容先得从员工自身的外貌和基本谈吐开始，具体包括妆容、表情、服装仪表、说话吐字、基本礼仪动作等，目的就一个，让顾客看起来顺眼一点，沟通起来顺畅一点。

4. 先有教材，再有教员。所谓教材，就是在技术结构的基础上，将相关内容进行细致化的文字说明（当前主要是靠老店员嘴巴说，而非文字量化）。若是教材内容健全，也就不一定非得要老店员来教了。当然了，这个事说起来最简单，执行起来却是最麻烦的，按照笔者的经验，一个普通店员的岗位技术说明教材，文字量起码得几万字。

5. 考核。每一个章节培训完毕之后，一定要有考核，做试卷也好，现场模拟也好，其他店员的集体评议也好。总而言之，一定要有考核这个环节，不然的话，培训者和新店员没法全面量化地检测实际的学习情况。或者说，是没教好还是没学好，也没法明确责任。

第60讲　新店员入职时的工作安排

新店员刚进店时，怎么安排工作？

在绝大多数老板看来，这很简单嘛，既然岗位是店员，那就直接开始店员的工作吧，直接冲到一线，开始接待顾客做生意。新员工情况不熟？没关系，边干边学嘛，让老员工带一带就好了，这也不是什么高科技的活，最多一两个月下来，也就差不多了。

并且，老板们还会认为，只要这新员工肯学肯干，很快就能从生手变熟手，很快出业绩，业绩能上来，员工收入也就能水涨船高，这样又能刺激员工的工作热情和持续稳定，不就进入正面循环了嘛。

老板们想得是挺好，可是，事实往往大相径庭。在新员工进店后，因为缺乏足够的职业技术，业绩很糟糕，收入也提升不起来，新店员自己备受打击，并且，在与老员工的相处过程中也是疙疙瘩瘩，并不见得就能融合到一起，老员工欺负新员工、排挤新员工，甚至等着看新员工出笑话，至于老员工带新员工，往往也是老员工不肯教、不会教、不系统地教（心情好且有空的话，就说两句），或是关键的内容留一手。在种种负面作用之下，要么是新员工迟迟不能进入正常的工作状态，要么是干脆辞职走人。

这种情况的责任并不在新员工身上，也不在老员工身上，而是老板的原因，是因为老板考虑问题过于简单且过于主观了，工作安排方面没有设计没有步骤也没有策略。

新店员入职时的工作安排，不仅仅是老板自己的单方面认定，而且要充分考虑到新员工自身的实际情况，还要考虑到老员工的感觉，以此为基础，综合新老员工两方的实际情况，再来有策略地设计新员工的入职阶段工作安排。

首先，我们站在客观的角度来分析一下新员工在刚入职阶段的基本状态及存在的问题：

1. 新店员的基本状态：

兴奋，有兴趣，有新鲜感，充满希望，愿意学习，对当前工作责任心强。

2. 自己也知晓的问题：

由于缺乏相关的专业知识，对工作有点没信心，另外，不知道能否和老员工相处好？当前这个老板是否值得信任？销售工作究竟好不好做？有没有成长空间？能不能学到东西？

同时，作为店里的老员工，在看到新店员入职的时候，他们又会想到什么呢？当然，这也分正反两个方面来看：

1. 正面的。

人手多了，我的工作量可以下降了；有些杂货可以让新来的员工干；不用总是加班顶班了；人多了，对顾客的服务能力提升了，对全店的业绩提升来说是件好事。

2. 负面的。

我和新来的这个店员能不能好好相处？会不会抢夺我的业绩和收入？会不会打破现有的利益平衡？会不会超越我取代我？会不会是个品行低下的人？

作为老板，在把握新老员工不同的状态和问题点之后，就得对新员工的入职阶段工作安排有所设计了。基本原则如下：

1. 让新员工对工作产生兴趣，有信心，并尽快与老员工融洽相处。

2. 让老员工能从正面角度看待新员工，并接受新员工，为后期有效地带领辅导新员工打下基础，所以，在前期不能让新老员工之间出现利益纠纷，也就是不能让新员工动老员工的利益。

3. 不急于让新员工在入职阶段就马上出业绩，也别指望老员工一开始就会辅导新员工，并能与新员工好好相处。刚开始的头一两个月，新员工处于学习期与磨合期，学习怎么开展工作，并与老员工及老板进行初步磨合。

4. 不能直接把新员工安排到一线，直接面对顾客，毕竟，新员工的销售技术、产品知识、心理素质、性格脾气等情况尚未确定，直接面对顾客风险太大，若是试图让新员工在实际工作中学习，那就等于在拿顾客当试验品。

具体的工作安排内容参考：

一、主动说明

1. 对新员工的主动说明。

新进的头两个月是学习期，不强调业绩，以学习为主，打好基础，持续提升。

2. 对老员工的主动说明。

新进员工对各个岗位都先熟悉一下，然后再看哪个岗位最合适自己。这样的说法会在一定程度上缓解老员工的防御心理，人家新员工不一定做和你一样的岗位，也许还是其他配套岗位，例如收银或是后勤什么的，这反而要处理好关系，对以后的工作配合有利。

二、学习内容的展示

展示各岗位的技术组成结构，让新员工明白自己具体要学习掌握哪些专业技术，学习先后的次序排列，可以通过哪些学习方式。也许有的新员工在入职时自身有一定的技术积累，刚进店也许会看不起店里的老员工，但在看到完整的岗位技术结构图之后，再对照一下自己的实际技术水平，会明白这还欠缺很多呢，这对新员工的态度会有一定的平衡作用。

三、先教生活知识

老员工教新员工，一定不能从产品知识或是销售技术开始，而要从生活知识开始，例如附近的厕所在哪里，店里的设备怎么使用，午餐怎么订，私人物品放哪里，隔壁店是做什么的，隔壁老板是个什么样的人，发生过哪些故事，等等。之所以传授或是分享这些生活方面的知识和技巧，目的是在没有利益纠纷的前提下，建立老员工与新员工之间的关系。这些生活知识的导入，也让新员工建立初步的安全感，并对老员工产生正面的认知。

四、初期工作分配

正式给新员工分配的工作不能直接涉及业务，而应从清洁工作开始，如扫地、吸尘、擦橱窗、整理仓库、收拾杂物等。清洁工作可以让新员工深入细致地熟悉店里的每一处环境，并且，刚入职的新鲜感和责任心可以有效支撑这类体力工作。另外，看着干干净净的环境，新员工也容易产生成就感，这也是自己当前所能做的工作和贡献。再有，在老员工看来，新来的员工做清洁也是理所当然的，直接减轻了自己的工作量。

五、服务类

在门店的销售工作中，还有许多配套的服务类工作，例如帮进店的顾客放行李，照顾顾客带进来的小孩，端茶倒水，仓库取货，包装货物，提货送行，整理客户资料，等等，这些服务类工作不需要专业技术，按照主导销售的店员指示即可。作为新店员可先承接这方面的工作，一方面，可以直接观察学习；另一方面，也进一步证明了这新进来的店员，在工作中对老员工有辅助支撑作用。

六、实际案例讲解型培训

在每次实际成交之后，老店员自然有些得意，这时，可给新店员做些培训，以刚才实际成交的案例为基础，进行技术讲解。这样的培训方式较为自然，毕竟是以事实为基础，且是在老员工心情好（甚至有些得意），新员工眼见为实的前提下。

这样的话，每次老员工接待顾客时，新员工往往就会很自然地保持观看，这样对新员工是一种学习方式，对老员工也有监督的效应。

七、正式培训

通过前期多次的案例讲解型培训之后，新员工对销售工作已经不陌生了，这时，可再插入较为正式的培训项目。正式培训就得有一定的形式要求，在每天早晨开业前或是晚上打烊后，大家集中起来，由老员工或是老板（或是厂家的业务人员）当教员，利用电脑投影仪设备，进行小型的培训活动。若是有条件，可将新店员送到外部接受集中培训。

以上这几步走完，快的话需要一个来月的时间，也许从表面上看起来，这一个月中新员工难以出业绩，老板会有损失，那么，为什么不直接让新员工承担销售工作呢？其实，无论是心理上还是技术上，新员工都很难直接承担销售工作，必须要有一个学习了解的过程，这也属于老板自己所需要承担的人事成本范畴。同时，还得充分考虑到新员工的心理感受和变化过程，有次序、有策略地引导新员工。另外，也别忘了老员工在其中的作用，一方面，发挥老员工对新员工的正面作用；另一方面，不能出现老员工对新员工的干扰和排挤现象。